KB168645

세상의 모든 돈이 사라진다면

세상의 모든 돈이 사라진다면

04
지식
+
진로

복대원
윤정구 지음

게임머니부터 블록체인까지 전자화폐가 바꿀 미래

다른

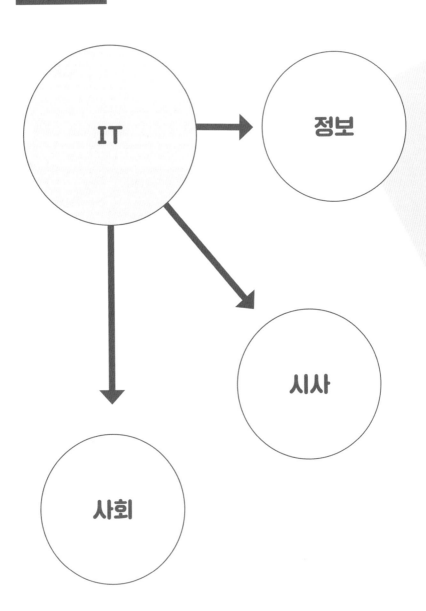

프로그래밍

사이버 윤리

컴퓨팅
시스템

창의 공학

핀테크

이동 통신

사물인터넷

전자 금융

| 전자화폐는 어떤 미래를 만들까?

현재 우리나라에서 가장 높은 금액으로 쓰이는 지폐는 5만 원권이다. 하지만 이 5만 원권은 사실 종이에 불과하다. 인물화와 숫자가 위조 방지를 위한 장치와 함께 그려졌을 뿐이다.

지폐가 화폐로 인정받은 지는 인류 역사에서 그리 오래되지 않았다. 초창기 인류는 화폐를 사용하는 대신 물물 교환을 해서 필요한 물건을 구했다. 물론 교환하는 방법만으로 모두가 만족했다면 지폐는 만들어지지 않았을 것이다.

우리 주변에서 열리는 크고 작은 아나바다 장터를 떠올려 보자. 이곳에서는 장난감, 옷, 책 등 이제는 잘 쓰지 않는 물건을 가지고 나와 팔고, 서로 마음이 맞으면 교환도 한다. 이벤트처럼 재미 삼아 경험해 보기는 좋겠지만 물건이 필요할 때마다 이런 식으로 구하려고 한다면 두손 두발을 다 들게 될 것이다. 집에 있는 물건을 힘들게 가지고 나가 마음에 딱 맞는 물건을 찾아다니는 것은 여간 어려운 일이 아니다. 게다가 사정이 생겨 장터가 열리는 시간을 맞추지 못한다면 교환할 기회마저 사라진다. 물물 교환의 어려운 점은 한둘이 아니다. 화폐가 없던 오랜 과거에는 얼마나 불편했을지 추측할 수 있다.

화폐는 시간이 지남에 따라 점점 더 편리한 모습으로 변화했다. 사람들은 물물 교환의 불편함을 해결하고자 부피가 작고 값어치가 나가는 물품을 화폐로 쓰기 시작했다. 대표적인 물품화폐인 소금이나 쌀은 교환의 매개체이자 가치를 저장하는 수단으로서 조선 시대까지도 중요하게 사용되었다. 그러나 비에 녹아 줄어들기도 하고 양이 많아질수록 무게가 많이 나가 불편했다.

소금과 쌀은 변하지 않는 특성을 가진 금과 은으로 점점 대체되었다. 이 금속화폐는 이후에 부피와 무게가 덜 나가는 종이화폐로 바뀌었다.

그런데 금속화폐와 종이화폐가 돈으로서 가치를 인정받으려면 믿음이 있어야 한다. 교환의 매개 수단으로서 일정한 가치를 가지고 있음을 국가가 보장해야 하는 것이다. 그래야 사람들이 안전함을 믿고 가치를 교환하고 저장하게 된다.

이러한 믿음이 무너지게 되면 어떻게 되는지는 역사에서 찾을 수 있다. 과거 로마에서는 금과 은으로 만든 금속화폐를 주로 사용했는데 방만한 생활을 하던 황제가 금은 함유량을 낮추고 말았다. 결국 로마의 금속화폐는 신뢰를 잃고 로마가 멸망하는 단초를 제공했다. 1차 세계대전 직후 독일은 전쟁 배상금을 지불하기 위해 돈을 마구 찍어 냈다. 그 결과 물가가 만 배 이상 뛰게 되는 초인플레이션이 발생하면서 국민들이 매우 고통받았다. 2000년대 들어서는 짐바브웨의 정부가 펼친 잘못된 경제정책 때문에 초인플레이션이 일어났고, 결국 짐바브웨는 국가 공인의 화폐를 포기했다. 이렇듯 국가가 보증한 화폐에 대한 신뢰는 나라 전체에 영향을 준다.

현재까지도 가장 많이 쓰이는 화폐는 금속화폐와 종이화폐지만, 이제 눈에 보이지 않는 데이터가 돈이 되는 전자화폐의 시대가 다가오고 있다. 지갑에서 동전이나 지폐를 꺼내지 않아도 되고, 신용카드도 필요 없다. 대중교통을 타거나 물건을 사는 모든 일이 휴대폰 하나만 있으면 해결되는 핀테크 시대다. 지금까지는 개인 대 개인으로 돈을 주고받을 때 신용을 보장해 주는 은행 같은 기업의 도움이 필요했고, 기업은 그 대가로 이자를 받았다. 그러나 4차 산업혁명 시대의 화폐 경제에서는 금융의 많은 부분에서 변화가 예상된다. 은행 대신 사람 사이의 신뢰를 담보해 줄 수 있는 암호화폐가 등장했기 때문이다. 또한 사용자의 취향에 맞게 알아서 물품을 구매하는 냉장고와 세탁기 같은 사물인터넷 기술도 일상생활에 영향을 줄 것으로 보인다.

새로운 화폐로의 변화가 모두에게 반가운 것은 아니다. 젊은 사람들은 모바일 기기를 이용해 손쉽게 야구 티켓이나 열차표를 예매하지만, 디지털 소외 계층인 노인들은 명절 연휴 기차표를 사기 위해 현장 매표소에서 긴 줄을 선다. 보안 취약점을 노려 정보를 훔쳐 가거나, 보이스 피싱과 피싱 사이트를 이용해 거액을 빼가는 새로운 형태의 범죄도 많이 발생한다.

　사회 변화와 기술 발달은 화폐의 형태를 변화시킨다. 반대로 화폐가 사회를 바꾸기도 한다. 이 책을 통해 그 과정을 이해하고, 전자화폐의 발달에 따라 급변하고 있는 금융 거래 형태, 미래 사회의 편리한 모습과 부작용을 살펴보고자 한다. 미래 사회의 변화에 대처하고, 관련 산업의 직업과 연계해 생각해 보는 기회가 되길 바란다.

차례

1장 지갑 없이 거래하는 세상

2장 오프라인으로 나온 전자화폐

3장 국경도 국적도 없는 화폐

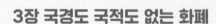

4장 화폐 없는 사회의 빛과 그림자

1장

지갑 없이
거래하는 세상

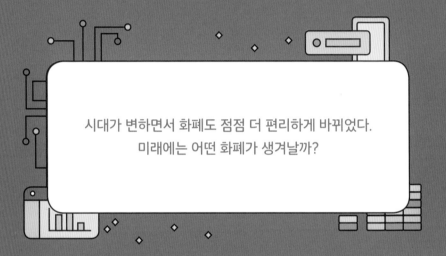

시대가 변하면서 화폐도 점점 더 편리하게 바뀌었다.
미래에는 어떤 화폐가 생겨날까?

더 편리해지기 위한 돈의 여정

화폐가 필요한 근본적인 이유를 생각해 보자. 화폐는 꼭 있어야 하는 걸까? 화폐가 없다면 무엇이 불편할까?

화폐에는 크게 3개의 기능이 있다. 먼저, 필요한 물건과 서비스를 교환할 수 있다. 화폐가 없던 시기에는 주로 물물 교환을 했고, 때로는 품앗이라는 형태로 노동력을 교환했다. 반면 지금은 필요한 물건이나 서비스를 직접 교환하는 대신 그 가치만큼을 돈으로 낸다.

화폐는 가치를 나타내기도 한다. 소를 구매하려 한다고 하자. 소의 나이, 성별, 무게 등에 따라 가치가 달라질 것이다. 이때 화폐가 가치의 기준이 된다. 예를 들어 송아지가 100만 원의 가치라면 다 자란 암소에는 300만 원이라는 가치를 매길 수 있다.

마지막으로, 가치를 모아서 저장하는 기능이 있다. 소처럼 살아 있는 생물은 나이가 들거나 병들어 죽기라도 하면 가치가 0이된다. 반면 화폐는 보관하기 좋고, 가지고 다니기도 좋으며, 변하지 않는다.

이러한 필요로 화폐가 만들어졌다. 그리고 시간이 흐르고 기술이 발전하면서 그 형태는 더욱 편리하게 바뀌었다. 물품화폐는 금속화폐와 종이화폐로, 다시 전자화폐로 발달했다. 지금부터 그 과정을 하나하나 따라가 보자.

쌀, 소금, 조개껍데기가 화폐로

화폐가 없던 시대에는 물물 교환을 했는데, 신경 써야 하는 점이 많았다. 일단 만나는 장소와 시간을 정해야 했다. 과거 사람들은 특정 시간과 장소를 정하고 필요한 물건을 교환했다. 이런 시장은 지금도 일부 지역에 5일장, 7일장 형태로 남아 있다.

물물 교환을 할 때는 서로 값어치가 다를 경우 거래가 성사되기 어렵다. 이 문제를 해결하기 위해 새롭게 등장한 수단이 바로 물품화폐다. 쌀, 소금, 조개껍데기 등 작지만 값이 나가는 물품을 기준으로 삼고 필요한 물품을 바꾸는 방식이다. 단순히 자신이 생산했거나 가지고 있는 물품이 아니라 사회적으로 가치를 인정받은 상품을 화폐로 사용한 것이다.

물품화폐는 교환하기 쉽고 저축하기도 좋았다. 하지만 여전히 물품이라는 한계가 있었다. 예를 들어 세금을 곡식으로 내던 고려 시대나 조선 시대에는 곡식을 마차나 배에 태워 수도로 보냈다. 이때 쌀한 톨은 가볍지만 양이 많아지면 운반이 어려워졌다. 또한 해적이나 풍랑을 만나 큰손해를 보기도 했다. 자연스

> **돈은 왜 머니일까**
>
> 영어 머니Money가 여신 모네타Moneta의 이름에서 따왔다는 설이 있다. 기원전 390년 갈리아가 로마를 침략했을 때 화폐를 보관하던 로마 신전은 거위의 울음소리를 듣고 공격을 알아차릴 수 있었다. 이후 로마 사람들은 모네타가 거위를 보내서 돈을 지키게 했다며 고마워했다.

레 사람들은 더 편리한 화폐를 원하게 되었다.

희귀한 돌덩이가 금속화폐로

곧 물품화폐를 대체할 수단이 등장했다. 금과 은 같이 희귀한 광물로 만든 금속화폐다. 최초의 금속화폐는 기원전 7세기, 오늘날 터키 지역의 리디아 왕국에서 만들어졌다. 금과 은을 75 대 25 비율로 섞은 '일렉트럼'이라는 이름의 동전이었다. 이 금속화폐가 널리 쓰이기 시작한 것은 로마 시대부터다. 동전 끝에는 오톨도톨한 원형 무늬를 넣었는데, 가장자리를 깎아 금속의 무게를 줄이지 못하도록 한 것이다.

사실 금과 은은 희귀한 돌덩이에 불과하다. 이 돌덩이는 쉽게 구할 수 없다는 희소성 덕분에 화폐가 되었지만, 이를 화폐로 인

정할 수 있었던 근본적인 이유는 국가의 보증이었다. 국가가 금속화폐의 가치를 인정하고 증명해 준 것이다. 따라서 금속화폐는 한 나라의 경제와 매우 밀접했다.

그런데 국가의 신뢰가 무너지면 어떻게 될까? 다음 사례를 살펴보자. 64년 로마에서는 많은 돈이 필요했다. 대화재 사건을 수습하고 군인들에게 줄 막대한 인건비와 네로 황제의 사치를 감당하기 위해서였다. 그런데 화폐를 제조하는 데 필요한 금은이 부족했고, 황제는 구리를 섞어 함량을 낮춘 순도 90퍼센트의 금화와 은화를 제작해 화폐 발행량을 늘렸다. 이렇게 순도가 점점 낮아지다가 알렉산데르 세베루스 황제 때는 25퍼센트까지 낮아졌다. 결국 로마의 화폐는 신뢰를 잃고 말았다. 사람들은 금과 은의 무게를 달아 가치를 계산하고 거래하는 물품화폐 방식으로 되돌아갔다. 결국 로마 제국은 멸망했다. 화폐는 국가가 주도적으로 신용을 주고 가치를 증명하는 만큼, 그 신뢰가 무너지면 한 나라의 경제가 붕괴된다. 그만큼 중요한 역할을 담당하는 것이다.

최초의 종이화폐와 기축 통화

금속화폐는 물품화폐에 비해 편리했지만 부피나 무게 때문에 다양한 문제가 여전히 남아 있었다. 이를 극복한 것이 종이화폐, 즉 지폐다.

로마 제국에서 쓰인 금속화폐다. 콘스탄티누스 2세 때 발행되었다.

세계 최초의 지폐는 중국 북송 시대의 '교자'라고 한다. 당시에는 철로 만든 금속화폐인 철전을 쓰고 있었는데 경제가 발전하고 거래가 활발해지면서 사용량이 늘었다. 하지만 철전은 너무 무거워서 물건을 대량으로 구입하는 상인들이 쓰기에는 적합하지 않았다.

그래서 북송 상인들은 조합을 결성하고 교자를 만들어 거래에 사용하기 시작했다. 교자는 일정한 금액의 철전을 정해진 날짜와 장소에 지급받을 수 있다는 약속을 적은 종이다. 즉 최초의 지폐는 금속화폐의 문제점을 보완하기 위한 어음이었다. 교자는 1023년에 정부에서 공인하면서 널리 쓰이게 되었다. 이후 중국에서는 남송, 원나라 시대를 거쳐 지폐가 완전히 자리 잡았다. 특히 원나라는 금속화폐의 사용을 금지하고 '교초'라는 지폐를 사용했다. 세계 최초로 전국에서 지폐를 쓰는 나라가 된 것이다.

13세기에 중국을 여행했던 마르코 폴로는 당시 원나라 사람이 사용했던 지폐를 유럽에 소개했다. 하지만 아직 금속화폐를 쓰던 유럽 사람은 종이가 어떻게 돈이 될 수 있는지 이해하지 못했다. 서양의 지폐는 17세기경에야 발달하기 시작했다. 운반하기 힘든 금속화폐는 세계 무역에 적합하지 않았기 때문이다. 그래서 은행에서 금이나 은으로 바꿀 수 있는 증명서 형태의 은행권을 발행했다.

18세기 초 프랑스는 루이 14세가 일으킨 무수한 전쟁 때문에 파산 위기에 처해 있었다. 루이 14세의 뒤를 이은 루이 15세는 어렸고 오를레앙 공 필리프 2세가 섭정을 맡았다. 이때 부채로 골치 아파하는 오를레앙 공에게 스코틀랜드 출신 금융가 존 로가 접근했다. 존 로는 이 상황을 해결할 수 있다며 아이디어를 하나 제안했다. 북아메리카 미시시피강 유역의 개발권을 가진 미시시피 회사를 설립하고, 중앙은행을 만든 뒤 이 회사의 주식을 기반으로 한 지폐를 발행하는 것이다. 금이나 은을 기준으로 발행한 기존 지폐와 다른, 최초의 주식 기반 지폐였다.

이 주식은 가격이 미친 듯이 상승했고 많은 파리 시민이 적은 수의 주식만 가지고도 백만장자가 되었다. 이때 '밀리어네어'라는 말이 생겨났다. 하지만 이 행복은 잠시뿐이었다. 주가가 실제 가치에 비해 비정상적으로 올라갔고 그 거품을 유지하기 위해 은행이 화폐를 마구 발행한 것이다. 결국 지폐의 가치가 급속히 떨어졌고 사람들은 주식을 금화나 은화로 바꿨다. 그럴수록 더욱더 지폐의 가치가 떨어지게 되었다.

전 세계 어디서나 사용하고 거래할 수 있는 화폐를 기축 통화라 한다. 현재는 미국의 달러가 대표적이다. 기

> **주식의 유래**
>
> 주식은 해상 무역이 발달한 17세기 유럽에서 시작했다. 태풍이나 해적을 만나 생기는 막대한 손해를 분산하는 방법이었다. 무역상은 증권을 만들어 투자자에게 판매했고, 투자자는 배가 무사히 도착하면 수익을 나눠 가졌다. 상품에 손상이 있으면 투자한 비율만큼 손해를 봤다.

축 통화는 여러모로 많은 것의 기준이 된다. 우리나라 상품을 외국에 판매하거나 외국 상품을 수입할 때 한국 돈이 아닌 달러로 계산한다. 해외여행을 갈 때도 한국 돈을 달러로 환전하고, 해외 관광지에 도착해서 달러를 그 나라의 돈으로 바꾸기도 한다. 한국 화폐는 외국에서 쓸 수 없지만 달러는 어느 나라에서든 그 나라의 화폐로 환전하거나 바로 사용할 수 있다.

달러가 기축 통화로 쓰이게 된 배경은 무엇일까? 1944년 7월 미국 뉴햄프셔주 브레턴우즈에서 44개의 연합국 대표가 모여 맺은 브레턴우즈 협정이다. 연합국 대표들은 2차 세계대전 이후의 외환 금융 시장을 안정시키고 전 세계 무역을 촉진하기 위해 협정을 맺었다. 구체적으로는 금 1온스를 35달러로 교환해 주는 금-달러 본위제오직 미국 달러만 금으로 교환하는 제도를 시행하고 이를 기준으로 고정 환율제달러의 가치를 금에 고정하고, 다른 국가의 화폐는 달러에 고정하는 제도를 채택했다. 즉 다른 나라 화폐는 금으로 바꿀 수 없고 미국 달러가 유일한 거래 기준이 된 것이다.

그런데 미국이 베트남 전쟁을 치르며 많은 돈을 썼고, 미국의 재정 적자가 늘어 달러 가치가 하락했다. 이에 달러를 금으로 바꿔 달라는 세계 각국의 요구가 늘어났지만, 미국은 그 요구를 모두 들어 줄 수 없었다. 그만큼의 금을 가지고 있지 않았기 때문이다. 결국 1971년 8월 15일 미국 닉슨 대통령은 더이상 달러를 금으로 교환하지 않겠다고 선언했다. 이 사건은 '닉슨 쇼크'라 불리며 물가 상승과 소비 감소 등 몇 년 동안 전 세계 경제에 큰 영향을 미쳤다.

또한 브레턴우즈 체제에서 합의했던 고정 환율제 역시 큰 문제를 일으켰다. 미국의 금-달러 본위제가 무너지자 각국 경제는 외부의 작은 충격에도 불안정해졌다. 이후 많은 나라가 경제 상황에 따라 화폐의 교환 비율이 달라지는 변동 환율제를 채택했다. 이때부터 나라의 경제력과 신뢰를 바탕으로 화폐의 가치를 매기기 시작했고, 오늘날과 같은 신용화폐가 탄생하는 계기가 되었다.

위조지폐의 위험성

편리한 지폐에도 단점이 있다. 위조지폐가 만들어질 수 있다는 점이다. 그래서 국가는 지폐에 다양한 위조 방지 기술을 도입하고 있다. 대표적으로 쓰이는 노출 은선 기법은 만들기 어렵고 제작 비용도 많이 든다. 그렇지만 일반 인쇄기로 따라 할 수 없기 때문에 위조를 막기에 효과적이다. 또 다른 위조 방지 기술로는 워터마킹 기법이 있다. 종이가 젖어 있는 상태에서 이미지를 인쇄해서 붙은 이름이다. 지폐를 만들 때는 젖은 상태에서 앞면과 뒷면 사이에 그림이나 문자를 넣고 인쇄한다. 우리나라 만 원짜리 지폐를 불빛에 비추면 왼쪽 빈 공간에 세종대왕의 모습이 보이는데, 바로 이 기술을 적용한 것이다.

다양한 위조 방지 기술이 사용되지만 위조지폐 범죄 역시 끊이지 않고 발생하고 있다. 각 나라에서는 법으로 처벌 규정을 두고 있으며 한국도 마찬가지다. 형법 제207조 1항은 "행사할 목적으로 통용하는 대한민국의 화폐, 지폐 또는 은행권을 위조 또는 변조한 자는 무기 또는 2년 이상의 징역에 처한다"라고 되어 있어 일반 범죄보다 강력히 처벌하고 있다.

최초의 신용카드

종이화폐는 기존 화폐에 비해 가볍고 보관하기 쉬우며 사용하기도 편하다. 하지만 비싼 상품을 사려면 지갑을 한가득 채울 정도로 가지고 있어야 한다. 다행히 지금 우리는 신용카드 한 장만 들고 다니면 모든 것이 해결되는 세상에 살고 있다.

신용카드는 1949년 뉴욕 사업가 프랭크 맥나마라가 처음 만들었다. 식당에서 식사를 마치고 밥값을 내려던 프랭크 맥나마라는 지갑을 두고 온 사실을 뒤늦게 깨달았다. 결국 다른 친구가 대신 음식값을 지불했다. 이 사건으로 그는 식당에서 매번 현금으로 계산하기 번거롭다는 생각을 하게 된다. 그 이후 친구들과 함께 '식사하는 사람들을 위한 클럽'이라는 다이너스클럽Diners Club 회사를 세우고 회원들에게 다이너스카드Diners Card를 발급했다. 다이너스카드로 음식값을 내면 식당은 다이너스클럽에 음식값을 청구하고, 다이너스클럽은 사용자에게 청구서를 보내 돈을 받는 시스

최초의 신용카드는 친구들과 편하게 저녁 식사를 하기 위해 만들어졌다.

템이었다. 세계 최초의 신용카드다.

신용카드의 원리를 좀 더 자세히 살펴보자. 먼저 신용카드 회사가 개인의 금융 거래 정보나 소득을 바탕으로 신용을 파악해 월 사용 한도액을 정한다. 신용카드 소지자는 자신이 사고 싶은 상품을 한도액 안에서 결제할 수 있다. 단, 신용카드 회사와 가맹점 계약을 맺은 상점에서만 결제가 가능하다.

이후 카드 회사가 상점에 판매액을 입금하는데, 일정 수수료를 제외하고 나머지 금액을 계산한다. 카드 회사는 카드 사용자에게 한 달에 한 번 금액을 청구한다. 카드 회사의 주 수입원은 가맹점이 내는 약 1.5~4.5퍼센트의 수수료다. 가맹점은 수수료가 부담되더라도 더 많은 사람에게 물건을 팔기 위해서 신용카드 회사와 계약한다.

신용카드를 쓰면 현금을 많이 가지고 다니지 않아도 된다. 또한 각종 할인과 포인트 적립 혜택을 받을 수 있고, 할부 서비스도 이용할 수 있다. 이런 장점 덕분에 여러 나라에서 지폐나 동전 같은 실물 화폐의 사용 비율이 10퍼센트를 넘지 않는다. 우리나라에서도 마트나 편의점에서 물건을 사고 난 후 거스름돈을 계좌로 입금해 주는 시스템을 마련했다. 전 세계가 현금 없는 사회로 나아가고 있다.

24시간 열려 있는 전자 금융

기술의 발달과 화폐의 변화는 밀접한 관련이 있다. 주조 기술이 발달한 덕분에 금과 은으로 금속화폐를 만들 수 있었고, 인쇄 기술이 발달했기에 종이로 지폐를 만들 수 있었다. 마찬가지로 컴퓨터와 정보 통신, 디지털 기술이 발전하면서 은행 업무가 전자 금융의 형태로 변했다.

전자 금융이란 넓은 의미로 금융을 자동화·전자화한 것을 말한다. 좁은 의미로는 개인이 인터넷이나 전화로 잔액 조회, 거래 내역 조회, 계좌 이체 등의 금융 서비스를 이용하는 일을 말한다.

전자 금융이 처음 등장했을 때는 같은 은행 안에서만 온라인 서비스를 이용할 수 있었다. 이후 금융 공동망 서비스가 나온 덕분에 다른 은행 사이에서도 온라인 금융 서비스가 가능해졌다.

지금은 은행과 개인 사이로까지 온라인 금융 서비스가 확대되었다.

또한 ATM이라는 금융 자동화 기기가 도입되면서 은행 창구에서 자신의 차례가 올 때까지 기다리는 일이 줄어들었다. 현금 입금, 인출, 잔고 조회, 이체 등 기본적인 은행 업무는 ATM에서 처리할 수 있기 때문이다. 전화나 인터넷을 이용해 금융 업무를 볼 수 있는 방법도 생겼다.

은행, 당신의 돈을 보관합니다

은행은 언제 어떻게 만들어졌을까? 최초의 은행은 유럽 르네상스 시대에 해상 무역이 발달하면서 생겨났다. 이때 주로 사용하던 화폐는 금과 은이었고, 상당히 무거웠다. 물건과 화폐 모두 배로 실어 날라야 했기 때문에 많은 양의 금은을 싣고 다니기 부담스러웠을 것이다. 그래서 사람들은 튼튼한 금고를 가진 금 세공업자를 찾아갔다. 금 세공업자에게 금을 맡기면 신용장을 받았고, 다른 지점의 금 세공업자에게 이 신용장을 보여 주면 금을 돌려받을 수 있었다. 금 세공업자는 고객이 맡긴 금을 밑천으로 다른 사람에게 금을 빌려주고 이자를 받는 대부업도 했다. 돈을 보관하고 빌려주는 은행의 기본 업무가 이렇게 출발했다. 신용을 바탕으로 숫자를 적은 종이가 신용장, 차용증이라는 이름으로 화폐 역할을 하기 시작한 것이다.

추석날 받은 용돈을 가장 안전하고 편리하게 보관할 방법을 떠올려 보자. 어렸을 때는 부모님께 맡겼지만 나이가 들수록 은행에 직접 맡기는 방법을 선호하게 된다. 부모님이 맡긴 용돈을 써버린 뒤 깜박했다고 하면서 정확히 보관해 주지 않은 경험이 있기 때문이다.

은행은 개인이나 기업의 여유 자금을 보관한다. 그리고 돈이 필요한 사람에게 돈을 대출해 주고 이자를 받는다. 돈을 빌린 사람은 원금과 함께 약정 이자를 갚는다.

온라인 쇼핑몰에서 원하는 상품을 살 때도 은행을 이용한다. 우리는 멀리 떨어진 판매자에게 직접 돈을 전달하지 않고 온라인 이체를 통해 편하게 결제한다. 물론 은행을 거치지 않고 돈을 주고받을 수 있지만 안심하고 믿기는 쉽지 않다. 은행은 부족한 신용을 중간에서 메꾸어 주면서 거래 수수료와 이자를 받아 수익을 올린다.

은행과 정보 통신 기술의 결합으로 은행 업무가 더 편리해졌다. 과거에는 은행에서 번호표를 받아 오랜 시간을 기다려 금융 업무를 처리했지만, 이제 ATM을 이용해 간단하게 처리할 수 있다. 또한 전화나 인터넷 연결이 된 컴퓨터를 통해 집이나 업무 공간에서 편하게 은행 업무를 처리한다. 우리는 점점 더 편리한 금융 생활을 누리고 있다.

텔레뱅킹과 인터넷뱅킹, 모바일뱅킹까지

텔레뱅킹이란 전화로 은행 업무를 처리하는 방식을 말한다. 예전에는 친구에게 급하게 돈을 보내야 할 경우, 은행 창구까지 뛰어가서 차례를 기다렸다가 이체를 했다. 그러나 텔레뱅킹이 생긴 뒤로는 은행의 텔레뱅킹 고객센터에 전화를 걸면 간단하게 해결된다. 전화가 연결되면 먼저 어떤 업무를 할 건지 선택한다. 만약 이체를 한다면 해당하는 업무 번호를 누른 후 주민등록번호 앞자리, 계좌 번호, 비밀번호, 보안 카드 번호 등을 차례로 입력하고, 받는 사람의 계좌 번호와 이체 금액을 입력하며, 다시 한번 입력 사항이 맞는지 확인하는 과정을 거친다.

지금도 인터넷뱅킹이나 모바일뱅킹을 신뢰하지 못하고 불편하게 생각하는 사람이 많다. 그런 사람들은 상담원과 직접 통화하는 텔레뱅킹 방식을 선호한다. 언제 어디서나 전화 통화만 되면 은행 업무를 처리할 수 있다는 것이 텔레뱅킹의 장점이다. 인터넷뱅킹을 이용할 때와 달리 다양한 보안 프로그램을 설치하지 않아도 되고, 화면을 따라 여러 버튼을 누를 필요 없이 전화 한 통이면 해결되기 때문에 편리하다. 그렇지만 인터넷뱅킹에 비해 도청이나 해킹에 취약하고, 이로 인해 이체 한도가 낮은 편이어서 큰 금액을 보낼 때 불편할 수 있다.

인터넷뱅킹은 인터넷으로 은행 업무를 처리하는 방식을 말한다. 인터넷이란 컴퓨터를 이용하는 사람들이 정보를 주고받을 수 있도록 통신 규약인 티시피/아이피TCP/IP를 통해 전 세계를 연결한 통신망이다. 인터넷은 처음에 미국에서 군사적인 목적으로 만든 아르파넷ARPANET이라는 이름의 컴퓨터 네트워크였다. 하지만

1990년대 중반 이후 전자 메일, 온라인 쇼핑몰, 다양한 형태의 웹 사이트가 생기면서 접속하는 사람이 점점 많아지며 발전했다.

인터넷뱅킹이 처음 나왔을 때는 아무도 사용하려 하지 않았다. 안전을 보장할 수 있는지 믿지 못했던 것이다. 하지만 점차 사용자가 늘면서 이제는 은행에 방문하는 사람보다 은행 사이트에 접속하는 사람이 더 많아졌다.

스마트폰으로 은행 업무를 처리하는 모바일뱅킹 역시 처음 나왔을 때 비슷한 과정을 겪었다. 초기에는 보안 유지가 안 되거나 개인 정보가 유출되는 문제가 있을 것이라 우려하는 목소리가 많았다. 하지만 은행 애플리케이션만 설치하면 언제 어디에서든 빠르게 금융 업무를 처리할 수 있다는 장점 덕에 사용자가 빠르게 늘었다.

전자 상거래가 불러온 변화

정보 통신망을 이용해 상품이나 서비스를 사고파는 행위를 전자 상거래라고 한다. 기업과 개인, 기업과 기업 사이의 거래가 인터넷상의 가상 공간에서 일어난다. 계약, 주문, 지불에 이르는 모든 상거래를 포함하는 개념이다.

인터넷으로 전 세계를 연결하는 전자 상거래의 발달은 화폐를 이용하는 방법에도 변화를 가져왔다. 인터넷으로 원하는 상품을 구매할 때, 물건값까지 배달할 수는 없으니 전자 상거래에 맞는 지불 방식이 필요했다.

전자 결제는 상품을 살 때 네트워크를 활용해 결제하는 방식이다. 실물 화폐의 가치를 전자 장치에 기록, 저장한 뒤 인터넷 같은 개방형 네트워크를 활용해 상품값을 지급한다.

인터넷 쇼핑몰 장바구니에 물건을 담고 결제 버튼을 누르면 결제 방식을 고르는 창이 뜬다. 신용카드를 선택하면 카드 번호와 유효 기간, 할부 선택 등의 조건을 고르고 결제하게 된다. 카드 회사에서 먼저 판매자에게 판매 대금을 입금해 주고, 사용자가 나중에 1개월 치의 대금을 입금하

> **개방형/폐쇄형 네트워크**
>
> 개방형 네트워크란 모든 기기와 응용 서비스에서 사용할 수 있는 네트워크다. 로그인만 하면 누구나 콘텐츠를 이용할 수 있다. 반대로 폐쇄형 네트워크는 사업자가 허용한 콘텐츠만 이용이 가능하다. 셋톱박스로 볼 수 있는 IPTV, 홈네트워크 등이다.

는 방식이다. 텔레뱅킹이나 인터넷뱅킹, 현금 인출기 등을 이용해 물건값을 입금하는 실시간 계좌 이체나 무통장 입금 방식도 있다. 휴대폰 소액 결제 시에는 구매자 본인의 휴대폰으로 인증 번호가 오고 이 인증 번호를 입력하면 결제가 된다. 모바일 지불 결제 방식이다. 이 외에 '○○페이', 즉 전자화폐로 결제하는 방식도 있다.

전자 결제는 몇 번의 클릭만으로 물건을 살 수 있는 편리한 방법이다. 하지만 시스템 장애로 이중 결제가 이루어지거나 카드 정보가 유출되어 사용하지 않은 대금이 청구되는 피해가 생기기도 한다. 피해를 줄이기 위해서는 정부나 기업 차원에서 보안 대책을 마련하는 것이 중요하다. 또한 개인도 보안에 신경을 써야 한다.

전자화폐가 등장하다

전자 금융과 전자 상거래가 발달하면서 조금 더 편리한 화폐가 필요해졌다. 이에 따라 눈으로 보고 만지는 실물 화폐 대신 디지털화된 숫자로 저장된 화폐가 생겨났다. 전자 금융 환경이 만들어 낸 차세대 화폐다. 전자화폐는 디지털화폐라고도 하며 돈의 액수를 디지털 정보로 바꾸고 이를 네트워크상에서 이용한다.

전자화폐에는 여러 가지 종류가 있다. 우선 크게 IC카드형과 네트워크형으로 나뉜다. 전자 상거래 업체나 콘텐츠 제공 업체에서 회원에게 마일리지 형태로 제공하는 사이버머니도 전자화폐의 일종이다. 여기서는 그 개념과 원리를 간략하게 살펴보겠다.

IC카드형 전자화폐

IC카드형 전자화폐는 IC칩이 내장된 플라스틱 카드다. 현금을 플라스틱 카드로 가지고 다니는 것이라 할 수 있다. IC칩은 기억 장치, 처

한국의 K-캐시

1998년 한국은행과 금융결제원 및 우리나라 전 은행이 참여해 개발한 전자화폐. 2007년 1월부터 시행된 전자금융거래법에 의해 국내 유일의 전자화폐가 되었다.

리 장치 등을 담고 있는 마이크로칩인데, 우리에게는 신용카드 앞면에 붙어 있는 금색 혹은 은색 칩으로 친숙하다. 보안 능력이 뛰어나 안전하고 많은 양의 정보를 저장할 수 있으며 데이터 처리가 신속한 점이 특징이다.

IC카드형 전자화폐 중 우리나라에서 유일하게 법적으로 인정받은 것은 금융결제원에서 발행한 한국형 전자화폐 K-캐시다. 모든 은행에서 발급받아 쓸 수 있기 때문에 특정 은행이나 회사에서 발급하는 다른 전자화폐와 구별된다. 하지만 아쉽게도 현재 거의 사용되지 않는다. K-캐시는 체크카드와 사용법이 비슷하다. 그러나 체크카드와 달리 연결된 계좌에 현금이 많아도 한도는 50만 원이다. 매번 소액 충전을 해야 하는 불편함이 있다. 사실 사용자 입장에서는 신용카드나 체크카드와 별로 달라 보이지 않는다. 그런데 포인트 적립이나 할인 혜택도 없고, 50만 원 이내의 금액으로 매번 충전해야 하며, 잃어버리면 보상받기도 어려우니 K-캐시를 사용할 이유가 없다.

반면 법적으로 인정받지는 않았지만 넓은 의미에서 IC카드형 전자화폐라 할 수 있는 티머니가 있다. 티머니는 서울에서 쓸 수 있는 교통카드로 시작했다. 하지만 다양한 업체와 제휴를 맺어 이제는 편의점, 대형마트, 서점, 인터넷 가맹점에서 널리 활용되고 있다.

네트워크형 전자화폐

네트워크형 전자화폐는 좀 더 전자화폐 느낌이 강하다. 모든 거래가 실물 없이 온라인에서 이루어지기 때문이다. 우선 개인 컴퓨터에 전용 프로그램을 다운받아 설치하고 돈을 전자지갑 형태로 보관한다. IC카드형 전자화폐와 달리 휴대할 수 있는 실물 카드가 없다. 이체나 결제를 할 때는 모두 온라인상에서 컴퓨터 파일로 처리한다. 대표적으로 미국의 E-캐시와 사이버캐시가 있다. 비트코인 같은 가상화폐도 네트워크형 전자화폐에 해당한다.

네트워크형 전자화폐는 주로 인터넷 전자 상거래에 사용한다. 사용자가 계좌 이체와 같은 방법으로 물건값을 인터넷 쇼핑몰에 보내면 쇼핑몰에서는 해당 금액만큼의 전자화폐를 내려받아 현금처럼 쓰는 것이다.

현재 가장 활발히 사용되는 네크워크형 전자화폐는 마일리지다. 전자 상거래 업체는 소비자의 참여도와 만족도를 높이기 위해 마일리지를 제공한다. 물건을 구입하거나 사용한 정도에 따라 마일리지가 적립되니 소비자는 계속 같은 업체를 이용하게 된다.

티머니에서 게임머니까지

전자화폐를 화폐의 기능적 측면에서 바라보자. 전자화폐를 쓰면 동전이나 지폐를 발행할 때 드는 비용을 줄일 수 있다. 그뿐만 아니라 전자화폐는 기존 화폐보다 쉽게 간직하고 사용할 수 있다. 온라인상에서 쓸 수 있기 때문에 시간과 장소에 관계없이 상품을 구매할 수 있다. 충전된 금액이 숫자로 표시되며, 그 숫자만큼 실물 화폐와 동일한 가치가 있다. 게다가 거스름돈이 필요 없으니 적은 금액을 결제할 때도 좋다. 사용 내역을 나중에 찾아보기도 쉽다. 기본적으로 컴퓨터 암호화가 되어 있어서 도난당하거나 잃어버릴 위험이 기존 화폐보다 적고, 큰돈도 쉽게 보관할 수 있다.

많이 사용하는 신용카드와 비교해 보자. 신용카드는 신용을 바탕으로 물품을 구매한 후 은행의 결제 계좌에서 물건값을 이체한다. 반면 전자화폐는 IC카드나 네트워크상에 저장된 가치로 결제가 이루어진다. 또한 전자화폐는 사용자의 자격에 제한을 두지 않는다. 주부나 미성년자와 같이 신용카드 회사가 신용을 확인할 수 없는 계층도 이용할 수 있다.

네트워크형 전자화폐를 좀 더 넓은 범위에서 살펴보면 모바일 결제 서비스인 중국의 알리페이가 있다. 알리페이는 2004년 출시된 이후 8억 명 이상이 사용 중이다. 알리페이 머니를 충전해 두면 신용카드보다 쉽고 빠르게 온라인 쇼핑을 할 수 있다. 오프라인에서도 QR코드를 스캔하면 바로 결제가 이루어지니 매우 편리하다. 우리나라에서는 삼성페이, 네이버페이, 카카오페이 등이 알리페이와 비슷하다.

비트코인, 이더리움, 리플 같은 암호화폐도 네트워크형 전자화폐의 일종이다. 은행은 거래의 중간에서 신뢰성을 보장하고 이자와 수수료로 수익을 얻는다. 반면 암호화폐는 블록체인 기술이 개인과 개인 사이의 신뢰를 보장해 중간 거래 수수료가 없다. 자세한 내용은 3장에서 다루기로 한다.

일상에서 전자화폐가 어떻게 사용되는지 알아보자. 인터넷과 전자 상거래의 발달 덕분에 우리 일상 깊숙이 전자화폐가 들어왔다. 고객의 만족도를 높이며 회사의 상업적인 목적에도 도움이 되므로 점점 활용 범위가 넓어지고 있다. 게다가 화폐의 기본 기능인 교환 수단 기능, 가치 저장의 기능도 일부 수행한다.

교통카드는 대표적인 전자화폐다. 교통 요금을 현금으로 낼 때는 정확한 금액을 확인하기 어렵고 거스름돈을 주고받는 시간이 든다. 하지만 교통카드를 쓰면 그럴 필요가 없다. 현금을 들고 다녀야 하는 불편함도 줄여 준다. 버스 회사의 수입이 현금을 쓸 때보다 정확히 파악되어 정부가 버스 회사를 투명하게 관리할 수 있다는 장점도 있다.

1996년에 서울에서 마그네틱 카드 형태의 버스용 선불식 교통카드가 만들어졌다. 1997년에는 수도권 지하철에 후불식 패스 카드 시스템이 도입되었다. 그러나 버스와 지하철의 카드 방식이 달라 각각 다른 카드를 써야 했다. 수도권에서 버스와 지하철을 통합한 교통카드는 3년이 지난 2000년에 도입되었다. 현재는 티머니를 많이 사용하는데 특히 청소년들이 잘 쓰고 있다. 청소년이 체크카드를 만들기 위해서는 보호자의 동의를 얻어 발급받는 과정을 거쳐야 하지만, 티머니는 편의점과 지하철역에서 바로 구매할 수 있다. 게다가 충전이 편리하고 사용할 수 있는 가맹점이 많아 부모님이 용돈을 티머니에 충전해 주기도 한다.

마일리지 서비스는 카드사, 항공사, 외식 업체, 커피숍, 주유소 등 수많은 기업에서 활용한다. 새로운 고객을 확보하고 기존 고객의 만족도와 충성도를 높이는 데 도움이 된다. 마일리지 서비스는 1981년 아메리칸에어라인이라는 회사에서 시작했다. 탑승객이 비행한 거리만큼 마일리지가 쌓이며, 모은 마일리지만큼 혜택을 주는 서비스였다. 일정 기준을 채우면 무료 항공권을 주거나 좌석 등급을 높여 줬다. 마일리지는 승객이 항공사를 계속 이용하도록 고객 충성도를 높이는 도구가 되었다.

요즘의 마일리지 서비스는 구매 실적에 따라 포인트, 적립금, 쿠폰 등의 형태로 보상한다. 소비자가 기업에 대한 좋은 이미지를 갖고 반복적으로 구매하도록 하는 마케팅 기법이다. 신용카드 마일리지의 경우 소비자가 제휴 업체를 이용하면 마일리지가 쌓여 현금처럼 쓸 수 있다. 신용카드 회원들이 마일리지를 쌓으러 오면서 제휴 업체의 매출도 증가한다.

게임 산업은 정보 통신 기술과 미디어에 창조적인 아이디어를 결합해 고부가 가치를 만들어 내는 산업이다. 한국콘텐츠진흥원이 2017년 발간한 《대한민국 게임백서》에 따르면 게임 산업 규모가 11조 원을 넘어섰다고 한다. 개인의 삶을 중요하게 여기는 문화의 영향으로 게임을 플레이하면서 즐거움을 느끼는 사람이 많아졌다. 게임을 직접 할 뿐 아니라 게임 동영상을 보고 공유하는 e-스포츠 시장이 성장하고 있다. 게임 대회에 참가해 수입을 얻는 프로게이머도 늘어났다.

이에 따라 게임 업체들은 사이버머니로 이루어지는 화폐 경제 시스템을 도입했다. 온라인 게임 안에서도 아이템을 사고파는 경제 시스템이 생겼다. 게임 사용자가 아이템을 사고팔 때는 사이버머니인 게임머니를 쓴다. 게임 안에서 특정 활동을 하거나 시간을 투자하면 게임머니가 지급된다.

게임머니는 게임 속 가상 현실에서 레벨 업, 아이템 구매, 수수료, 장비 강화와 조합 등에 사용할 수 있다. 게임머니는 게임 속 경제 시스템에서 실제 화폐나 마찬가지다. 판매자와 구매자가 모두 승인하면 아이템이나 게임머니의 교환이 이루어지는 기능, 아이템 같은 무형의 가치를 측정하고 평가해 주는 기능, 가치를 보관하고 저장할 수 있는 기능을 모두 갖췄기 때문이다.

진로 찾기 **정보 보안 전문가**

모두들 제일 안전할 것이라 생각했던 은행의 시스템이 해킹당하는 사건이 일어났다. 2011년 4월 12일 농협 협력업체 직원의 노트북에 해커가 침입했고, 이 사실을 모르던 직원이 그 노트북으로 전산 시스템에 접속하고 말았다. 결국 서버에 있는 금융 자료가 해킹되고 대규모로 손상되었다. 서버를 복구하는 18일 동안 은행 전산 서비스가 마비되었고 이때의 경제적 피해가 수백억 원에 달했다.

가정에서도 비슷한 일이 벌어질 수 있다. 안이한 생각으로 정보 보안에 잘 신경 쓰지 않으면 집도 해킹되는 시대다. 2018년 11월 반려동물용 아이피 카메라를 해킹해서 사생활 영상을 엿보고 불법 촬영하는 사건이 발생했다. 범죄자는 무려 3,000대에 가까운 웹 카메라에 접속했고, 3만 건이 넘는 사생활 영상을 녹화했다.

정보 통신이 발달하며 우리의 삶은 점점 더 편리해졌지만 개인 정보가 유출되거나 금융 피해가 발생하는 문제점도 함께 나타나고 있다. 언론 매체에서 여러 사고가 보도되면서 다행히 대중도 개인 정보 보호의 필요성과 중요성을 인식하게 되었다.

최근에는 정보 보호를 위한 전문 인력을 찾는 곳이 많아졌다. 대학에서는 관련 학과를 늘리고 있으며, 정보 보호의 중요성이 커짐에 따라 보안 인력 시장도 넓어지고 있다.

정보 보안 전문가는 정보 보호 장비를 점검하고 취약점을 분석하며, 정보를 보호할 수 있는 방안을 제시한다. 또한 해커가 침입했을 경우 대응 방안을 마련하고, 시스템이 손상되거나 정보가 유출되었을 때 복구하는 일을 맡는다.

구체적인 직업으로는 보안 컨설팅 전문가가 있다. 회사의 정보 시스템이 가진 보안 취약점을 발견하고 분석해서 그에 맞는 보안 대책을 마련하는 일을 한다. 바이러스, 악성코드와 관련된 사항을 모니터링하고 분석해서 해결하고 예방 대책까지 마련하는 악성코드 분석가도 있다. 컴퓨터 바이러스를 퇴치하는 백신을 개발하고 관리하는 백신 개발자도 정보 보안 전문가라 할 수 있다.

정보 보안 전문가가 되려면 컴퓨터 하드웨어, 시스템, 운영체제, 프로그래밍, 정보 보안 등 컴퓨터와 관련된 전반적인 지식이 기본이다. 자신의 전공 분야에 대한 심도 있는 지식도 중요하다. 해커가 만든 악성 코드를 분석하고 대처하기 위해 논리적인 사고력도 필요하다. 대학에서 컴퓨터 공학, 정보 보안 학과를 전공하는 경우가 많다.

진로 찾기 **코딩 전문가**

코딩을 왜 배워야 할까? 소프트웨어가 중심이 되는 시대가 오고 있기 때문이다. 4차 산업혁명은 빅데이터, 인공 지능, 사물인터넷, 로봇으로 대표된다. 금융과 IT기술을 결합한 산업에서도 사용자에게 편리한 소프트웨어를 설계하는 전문가가 많이 필요해졌다. 특히 암호화폐의 영역에서 코딩에 대한 기본적인 이해가 필요하다.

코딩이란 컴퓨터에 명령어를 입력해 처리하는 과정을 말한다. 외국인과 대화하려면 외국어를 사용해야 한다. 마찬가지로 컴퓨터에게 일을 시키기 위해서는 컴퓨터가 이해할 수 있는 프로그래밍 언어를 사용해 명령어 코드를 작성해야 한다. 코딩 능력을 갖추기 위해서는 컴퓨터가 어떻게 작동하고, 컴퓨터에게 어떻게 명령을 내릴 수 있는지에 관한 공부가 필요하다. 이를 컴퓨팅 사고력이라고 한다.

2016년 미국의 전 대통령인 버락 오바마는 4차 산업혁명 시대에는 코딩 교육이 필수라고 강조했다. 지금은 영국, 유럽, 일본 등 여러 나라에서 코딩 교육을 의무적으로 시행하고 있다.

영국은 2014년부터 5~16세의 모든 학년에 컴퓨터 수업을 필수 교과로 지정해 코딩을 가르치고 있다. 교육의 나라 핀란드도 2016년부터 초등학교 코딩 교육을 의무화했다. 일본, 중국도 컴퓨터 교육을 강조하는 흐름이다. 우리나라는 2018년부터 초등학교와 중학교에서 코딩을 필수 과목으로 지정했다.

우리나라 초등학생들은 스크래치와 엔트리라는 블록코딩 프로그램을 활용해 코딩의 기초를 학습한다. 중고등학교에서는 파이썬, 자바와 같은 텍스트 프로그래밍 언어를 배우며 좀 더 심화된 교육을 받는다.

미래에는 산업의 모든 분야에 코딩 요소가 포함될 것이다. 현재 대부분의 일자리에서 문서 작업과 업무 처리를 위해 컴퓨터를 활용하듯이 코딩을 이해하고 활용하는 일이 직장인의 기본이 될 것이다.

2장

오프라인으로
나온 전자화폐

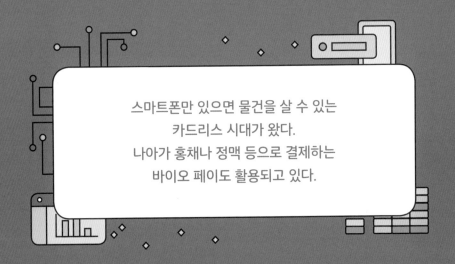

스마트폰만 있으면 물건을 살 수 있는
카드리스 시대가 왔다.
나아가 홍채나 정맥 등으로 결제하는
바이오 페이도 활용되고 있다.

캐시리스를 넘어 카드리스로

이슬이는 5살 여자아이다. 오늘은 바쁜 엄마 대신 우유를 사오기 위해 동전 2개를 꼭 쥐고 가게까지 '험난한 원정'을 떠난다. 그리고 우여곡절 끝에 목적을 달성해 돌아온다. 인생 최초로 '나 홀로 심부름'이라는 미션을 수행하는 아이를 그린 동화책 《이슬이의 첫 심부름》 내용이다.

누구나 이슬이처럼 첫 홀로서기의 순간을 경험한다. 다만 요즘 이슬이들은 동전 2개로는 미션을 수행하기 어렵다. 최근에는 동전 1개로 살 수 있는 물건이 거의 없다. 그렇다고 필요한 만큼 동전을 챙기면 지갑이나 주머니가 무거워진다. 자칫 잃어버릴 수도 있고, 잘 보관하더라도 쓸 일이 많지 않아 그대로 모셔 두기 일쑤다.

동전은 개인보다 정부에 더 큰 골칫거리다. 동전을 만드는 데 드는 비용이 만만치 않기 때문이다. 10원, 50원, 100원짜리 동전은 모두 그 가치보다 제조 비용이 더 비싸다. 동전을 만드는 비용은 재료인 구리의 값에 따라 조금씩 달라지지만 보통 10원짜리는 20원, 50원짜리는 60~70원, 100원짜리는 110원~120원이 든다. 이렇게 만든 동전이 자주 사용되는 것도 아니다. 대부분 서랍 속에 잠들어 있다. 현금 사용에 드는 비용은 화폐 발행에만 그치지 않는다. 현금 인출기 설치와 관리, 현금 수송, 보관, 분실, 훼손, 위조, 도난 등에 따른 수많은 사회적 비용도 발생한다.

동전 없는 사회가 된다면

여러 나라가 '현금 없는 사회'로 나아가기 위해 노력하고 있다. 특히 스웨덴은 이 분야를 앞장서서 이끄는 국가다. 단적인 예로, 스웨덴 가게에서는 현금을 안 받겠다고 거부해도 법적으로 문제 되지 않는다. 대중교통을 이용할 때 현금을 낼 수 없으며, 종교단체 헌금도 15퍼센트까지만 현금으로 낼 수 있다. 현금을 준다고 해도 받을 수 없는 이상한 상황이다. 스웨덴은 2030년까지 현금 없는 사회로 옮겨 가는 과정을 마무리 지을 계획이라고 한다.

우리나라도 '동전 없는 사회'를 목표로 현금 사용을 줄이고 있다. 동전을 만들고 사용할 때 따라오는 사회적 비용을 줄이되, 그

경과에 따라 현금 없는 사회로 옮겨가는 발판으로 삼겠다는 계산이다. 그런데 우리가 동전을 사용한 역사는 무려 900년이 넘는다. 오랜 기간 사용해 온 동전을 몇 년 만에 없애는 것이 가능할까?

한국은행은 동전 없는 사회를 만들기 위해 2017년부터 시범사업을 벌였다. 첫 사업은 거스름돈을 카드에 충전해 주는 방식이었다. 2019년부터는 한발 더 나아갔다. 스마트폰에 애플리케이션이 설치되어 있으면 연결된 은행 계좌로 잔돈을 직접 입금해 주었다. 거스름돈은 전자화폐의 형태로 내 계좌에 들어온다. 짤랑거리는 동전을 주머니나 지갑에 애써 보관하지 않아도 된다.

현금 없이 카드만 가지고 외출하는 사람이 적지 않다. 카드는 대표적인 비현금 결제 수단이다. 신용카드는 이미 1990년대 후반부터 널리 퍼졌고 소득 공제, 마일리지 제공, 할인 등의 다양한 혜택을 무기로 내세워 사용량이 급증했다. 요즘은 동네 가게나 편의점 같은 소매점에서도 카드를 내미는 일이 자연스럽다.

핀테크, 카드리스를 이끌다

그런데 이제는 카드조차 필요 없다. 모바일 결제 서비스의 등장으로 현금은 물론 플라스틱 카드마저 들고 다닐 이유가 없어졌다. 스마트폰 애플리케이션에 카드 정보를 등록했다면 실물 카드 없이 결제할 수 있기 때문이다. 2019년 한국은행이 실시한 조사에 따르면, 모바일 카드는 편리성 측면에서 61점을 받으며 만족도를 높여 가고 있다. 편의점과 모바일 콘텐츠 분야에서 가장 높은 이용률을 보이며 특히 젊은 층을 중심으로 실물 카드를 대체하는 수단이 되고 있다. 스마트폰만 있으면 물건을 살 수 있는 카드리스card less 시대가 온 것이다.

현금 없는 결제가 널리 퍼진 이유는 핀테크Fintech의 발달과 관련이 있다. 핀테크란 금융finance에 기술technology을 적용해 더 쉽고 편리한 금융 서비스를 제공하는 기술이다. 핀테크를 기반으로 한 서비스는 간편 송금과 결제부터 외화 송금, 금융 데이터 분석, 보안 인증, 로봇이 자산을 운용하고 관리하는 로보어드바이저까지 다양한 영역에 걸쳐 있다. 그중 우리가 가장 자주 접하는 것은 지급 결제 서비스다. 특히 인증 단계를 간소화하거나 실물 카드 없이 결제할 수 있게 만든 간편 송금과 간편 결제 서비스가 주로 사용된다.

함께 식사를 마친 뒤 A가 대표로 밥값을 결제한다. 나머지 일행은 그 자리에서 곧바로 A에게 자기 몫의 밥값을 보낸다. 몇 번의 터치만으로 송금이 완료되는 간편 결제 서비스가 만든 풍경이다. 계좌 번호를 물어보지 않아도 된다. 보안카드, 공인인증서, 일회용 비밀번호 등 복잡한 인증 과정도 필요 없다. 이제는 전화번호만으로 돈을 주고받을 수 있다.

간편 결제 서비스 분야에서는 많은 업체가 경쟁한다. 스마트폰

제조사, 포털 사이트, 통신사와 같은 정보 기술 기업과 백화점을 비롯한 유통 회사들이 온오프라인을 가리지 않고 적극적으로 진입하고 있다. 2014년 카카오페이가 남들보다 빠르게 결제 시장에 뛰어들어 주도권을 잡았고, 다음 해에는 네이버가 네이버페이를 출시하며 선두를 차지했다. 이 밖에도 일정 규모 이상의 인터넷 쇼핑몰들이 '○○페이'로 이름 붙인 자신만의 간편 결제 기능을 만들었다.

우리나라에서는 카카오페이가 모바일 간편 결제 서비스에 집중하고 있다. 카카오톡에 신용카드나 은행 계좌를 등록하면 결제나 송금을 할 수 있다. 온라인 쇼핑몰에서 주문할 때는 비밀번호만 입력하면 결제할 수 있으며 금액은 등록한 카드나 계좌에서 빠져나간다.

카카오페이에는 페이머니라는 전용 전자화폐를 충전해 물건 값을 지급하는 직불카드 형식의 서비스도 있다. 은행 계좌를 등록하면 온라인과 오프라인 모두에서 결제, 송금이 가능하다. 현금이 즉시 출금되니 체크카드와 비슷하지만, 신용카드 회사를 거치지 않는다는 점이 다르다. 중국의 위챗페이나 알리페이처럼 고객이 상점의 QR코드를 스캔해 금액을 입력하면 상점 주인의 계좌로 송금된다. 해당 전화번호를 바탕으로 현금 영수증도 자동 발급된다. 상점 주인이 부담할 결제 수수료가 없다는 장점 덕분에 서비스 시작 2개월 만에 가맹점이 8만 곳을 넘어섰다.

우리나라에서는 카카오페이가 간편 결제 서비스에 가장 먼저 뛰어들었다.

카카오페이를 통해 신용카드 요금 청구서를 확인하거나 가스, 전기, 통신비, 세금 등의 공과금도 납부할 수 있다. 이 서비스들은 그전까지 별도로 각각의 애플리케이션을 설치하고 가입해야 쓸 수 있었지만 이제는 카카오페이로 한 번에 해결할 수 있다. 카카오페이는 결제나 송금이 필요한 서비스를 꾸준히 추가하고, 무엇보다 국민 메신저인 카카오톡에서 바로 이용할 수 있게 해 사용자를 빠르게 늘려 가고 있다.

오프라인에서는 단연 삼성페이의 사용 비중이 높다. 삼성페이는 삼성이 제조한 스마트폰에 카드를 등록하면 실물 카드 없이도 결제할 수 있는 서비스다. 삼성페이의 강력한 무기는 역시 삼성 스마트폰의 사용자가 많다는 점이다. LG전자와 애플에도 각각 LG페이, 애플페이라는 서비스가 있다. 그 외에 카드 회사에서도 스마트폰 애플리케이션으로 결제할 수 있는 앱카드 방식의 간편 결제 서비스를 제공하고 있다.

스마트폰만 갖다 대면 결제 완료

스마트폰에는 NFC 통신이라는 기능이 있다. NFC는 가까이 있는 장치가 서로 데이터를 주고받을 수 있는 기능이다. NFC 기능을 가진 스마트폰 2대가 가까이 있다면 이 기능이 자동으로 활성화된다. 연결된 스마트폰끼리 인터넷 주소나 전화번호, 사진, 동영상 등을 공유할 수 있다.

NFC는 우리가 자주 사용하는 와이파이나 블루투스 같은 근거리 무선 통신 기술이다. 다만 연결할 장치를 따로 선택해야 하는 블루투스와는 조금 다르다. 장치끼리 가까이 있으면 저절로 통신 기능이 활성화된다. 통신 범위가 10센티미터 이내로, 와이파이나 블루투스보다 짧아 해킹당할 가능성도 적은 편이다. 10센티미터 범위 안이라면 스마트폰이 단말기에 직접 닿지 않아도 결제할 수 있다.

NFC 결제를 이용하려면 NFC 통신 기능을 지원하는 스마트폰과 유심칩이 필요하다. 국내 제조사의 스마트폰은 대부분 NFC 기능을 지원하지만 해외 제조사의 중저가 제품 중에는 지원하지 않는 경우도 있다. 유심칩은 통화나 인터넷을 하기 위해 스마트폰에 끼워 넣는 작은 카드로, 그 안에 사용자 정보가 들어 있다. 알뜰폰 통신사의 유심 중 일부는 NFC 기능을 지원하지 않는다.

NFC 결제를 이용하는 방법은 간단하다. 먼저 NFC 기능을 활성화한다. 다음으로 스마트폰을 NFC 결제용 단말기 가까이 가져간다. 그러면 무선으로 신용카드 정보가 전달되어 결제가 끝난다. 물론 신용카드 정보는 미리 등록해 두어야 한다. 애플페이와 삼성페이 모두 NFC 기반의 결제 방식을 사용하고 있으며 7개의 국내 대표 카드사들 역시 같은 방식의 결제 서비스를 제공한다.

NFC 결제 방식의 가장 확실한 장점은 실물 카드 없이도 결제할 수 있다는 점이다. 물건값을 내야 하는데 카드를 깜박했거나

NFC 결제는 단말기에 닿지 않아도 결제가 가능해 비접촉식 결제라고도 부른다.

할인받을 수 있는 특정 카드를 놓고 온 경험이 있다면 NFC 결제의 편리함에 공감할 것이다.

다만 우리나라에서 NFC 결제가 활성화되기까지는 시간이 조금 더 걸릴 것 같다. 애플페이를 보면 알 수 있다. 우리나라에서 삼성전자 스마트폰 다음으로 많은 사람이 사용하는 것이 애플의 스마트폰이다. 하지만 국내에서는 아직 애플페이를 사용할 수 없다. 카드 수수료에 대해 애플과 카드 회사가 의견이 다른 것도 이유지만, 무엇보다 NFC 결제 단말기 문제가 크다. NFC 결제를 하기 위해서는 전용 단말기가 필요한데, 단말기를 설치한 카드 가맹점의 수가 너무 적다. 삼성페이는 NFC뿐만 아니라 MST 기술을 동시에 가지고 있다. 따라서 전용 단말기가 없어도 기존 신용카드 단말기로 결제가 가능하다.

하지만 앞으로는 NFC 방식의 결제를 일상적으로 사용할 수 있는 날이 올 것으로 보인다. 시장의 주도권을 뺏길까 염려한 신용카드 회사들이 늘어나는 간편 송금과 간편 결제에 맞서 NFC 결제 방식을 퍼뜨리려 하기 때문이다.

이제 구걸도 QR코드로

한 걸인이 거리에서 구걸하고 있다. 그가 들고 있는 깡통에는 검정 무늬가 인쇄된 스티커가 붙어 있다. 스마트폰으로 스티커를 스캔하자 걸인의 계좌로 돈이 송금된다. 검정 무늬가 인쇄된 스티커는 다름 아닌 QR코드다. 중국에서 QR코드를 들고 구걸하는 모습이 사진과 기사를 통해 알려지며 세계적으로 화제를 모았다. 중국의 전자 금융 거래가 얼마나 활성화되었는지 보여 주는 예다.

QR코드는 흑백 사각형이 배열된 패턴에 따라 정보를 표현하는 일종의 바코드다. 일반적인 바코드는 한 방향으로 숫자나 문자 정보를 저장하는데, QR코드는 가로세로 2차원 배열 형태로 표현되므로 더 많은 정보를 담아낼 수 있다. 스마트폰 애플리케이션을 이용해 이 코드를 스캔하면 해당하는 정보로 연결된다.

초창기 QR코드는 주로 홍보와 마케팅에 사용되었다. 인쇄물이나 광고판 구석에 있는 QR코드를 스캔하면 웹사이트나 광고 영상으로 연결되는 방식이었다.

QR코드 결제는 코드를 스캔했을 때 은행 계좌가 연결되게 바꾼 것이다. 매장에 준비된 코드를 찍으면 가게 주인의 계좌로 결제 금액이 송금된다. 손님과 가게 주인 모두에게 편리하다. 판매자는 결제용 단말기를 따로 설치하지 않아도 되고 소비자는 어디에서나 간편하게 결제할 수 있기 때문이다.

사용자가 애플리케이션에 은행 계좌를 미리 등록했다면 두 단계 만에 결제가 끝난다. 소비자는 매장의 QR코드를 스캔한 뒤 결제 금액을 입력한다. 판매자는 결제 완료 여부를 확인한다. 반대로 가게 주인이 손님의 QR코드를 스캔해서 결제할 수도 있다.

중국에서는 길거리 노점상에서도 QR코드로 결제할 수 있다.

중국은 QR코드 결제 분야에서 가장 앞서가는 나라다. 중국의 QR코드 결제 시장은 알리페이와 위챗페이가 장악하고 있다. 알리페이는 타오바오라는 거대 쇼핑몰, 위챗페이는 중국의 국민 메신저라 불리는 위챗을 통해 사용자를 확보한 덕분에 지금의 자리에 오를 수 있었다. 중국에서는 거의 모든 곳에서 이 두 업체의 QR코드를 볼 수 있다. 식당, 대중교통은 물론이고 길거리 노점상이나 전통시장에서도 예외는 아니다. QR코드를 이용해 구걸하는 '스마트한 거지'들이 중국의 도시 곳곳에 있을 정도다.

QR코드 결제를 활용하는 모습은 매우 다양하다. 중국에는 현금 투입구가 없는 음료수 자판기가 종종 있다. 이들 자판기에는 덜렁 QR코드 스티커만 붙어 있거나 그 스티커조차 없다. 스티커가 붙어 있다면 코드를 스캔해 결제하고, 스티커가 없다면 음료수를 선택한 후 자신의 QR코드를 자판기에 가까이 대고 결제한다. 낯설지만 편하고 합리적이다.

정부도 나선 간편 결제

우리나라 정부가 주도하는 간편 결제 서비스도 있다. 제로페이는 정부가 주도하고 각 시의 지자체와 은행이 협력해 내놓은 간편 결제 서비스다. 간편 결제 서비스를 확대하기 위해 나라까지 팔을 걷어붙이고 나선 이유가 무엇일까?

물건을 사는 사람은 카드만 있으면 된다. 현금을 가지고 다닐 필요도 없고 각종 할인 혜택과 포인트까지 쌓을 수 있다. 그런데 카드 회사가 제공하는 할인 혜택과 포인트는 사실 그 카드를 받는 매장 주인에게서 나온다. 카드 수수료라고 하는 이 비용은 소상공인, 즉 작은 가게의 주인들에게는 특히 부담스럽다. 게다가 최저임금 인상으로 인건비 부담이 커지기도 했다. 이에 정부가 제로페이를 만들며 상황 해결에 나섰다. 제로페이로 결제하면 카드 수수료가 없어 소상공인의 부담을 줄일 수 있다. 또한 시장에 복잡하게 늘어나는 간편 결제 서비스의 틀을 잡으려 한 것이다. 현재 서울시를 비롯한 지방 자치 단체와 시중 은행 그리고 간편 결제 서비스 업체들이 제로페이에 참여하고 있다.

제로페이 전용 애플리케이션이나 서비스에 참여한 은행의 모바일뱅킹 애플리케이션에서 QR코드로 결제할 수 있다. QR코드 촬영 후 지급할 금액을 입력하면 결제가 완료된다. 카카오페이처럼 제로페이 역시 카드 회사를 거치지 않는다. 따라서 일정 매출액을 넘지 않는 이상은 수수료가 없어 가게 주인에게 도움이 된다.

새로운 결제 시스템을 만들어 내도 소비자가 외면하면 소용이 없다. 제로페이가 성공하기 위해서는 이를 사용할 소비자를 확보하는 일이 중요하다. 새로운 행동을 끌어내는 데는 선한 의도뿐 아니라 실질적인 혜택이 필요하다. 소비자가 다른 카드를 썼을 때 얻는 할인이나 포인트 적립까지 포기하고 제로페이를 이용할 만한 충분한 '당근'이 주어지고 있을까?

정부는 제로페이를 이용하는 소비자에게 체크카드보다 10퍼센트 높은 40퍼센트의 소득 공제 혜택을 준다. 또한 제로페이를 이용할 경우 지방 자치 단체에서 운영하는 공공시설 이용 요금을 할인해 주기도 한다. 앞으로 추가 할인과 혜택을 늘려 나갈 계획이라고 한다. 제로페이 활성화를 위한 정부와 지자체의 노력이 소비자들의 관심을 얼마나 이어지게 할지는 시간을 두고 지켜볼 일이다.

> **소득 공제**
>
> 대한민국 국민이라면 누구나 소득에 대해 세금을 낸다. 이를 소득세라 하는데, 소득 공제는 한 해가 지나고 나면 1년간 낸 소득세에서 각종 공제액을 차감해서 일부를 돌려주는 것이다. 정부는 소득 공제를 통해 현금 사용, 전통시장 이용, 기부 등을 장려한다.

지나만 가도 쿠폰을 주다니

나들이 가기 좋은 화창한 계절, 오늘의 나들이 장소는 놀이동산이다. 이 시기의 놀이동산은 설명이 필요 없을 만큼 많은 사람으로 붐빈다. 점심시간이 되어 푸드코트에 왔다. 일행은 화장실에 갔고, 안타깝지만 혼자서 자리도 맡고 식사도 주문해야 하는 상황이다. 매장의 식탁은 다른 손님으로 꽉 차 있다. 운 좋게 한 식탁의 손님들이 식사를 마치고 이동할 채비를 한다. 자리를 놓치지 않기 위해 얼른 테이블 옆에 가서 '찜'한다. 그런데 금방이라도 이루어질 것 같던 자리 교체가 생각보다 길어진다. 식탁 옆에 가만히 서 있기가 무안하지만 그래도 기다린 시간이 아까워 자리를 뜨지 못한다. 겨우 자리가 났다. 오랜 시간 기다리느라 다리가 아프지만, 마냥 앉아 있을 수는 없다. 아직 메뉴 주문도 못 한 상태니까. 어렵게 구한 자리에 소지품을 두고 다시 가게 앞에서 줄을 선다.

다소 극단적인 상황을 가정하긴 했지만, 충분히 일어날 법한 일이다. 조금 더 가까운 예를 보자. 간혹 손님이 많은 카페에 가면 길게 늘어선 줄을 볼 수 있다. 고객이 카페 직원에게 직접 주문하기 때문에 빚어지는 풍경이다. 고객은 한 명의 직원에게 주문하고 직원은 결제 단말기를 통해 결제한다. 직원보다 손님이 많다면 대기 줄이 생길 수밖에 없다. 주문과 결제에 드는 노력과 시간을 줄일 수는 없을까?

최근 직원을 거치지 않고 고객이 직접 주문하고 결제하는 무인 결제기를 설치한 가게가 늘고 있다. 키오스크라고 불리는 이 무인 결제기는 패스트푸드점, 카페, 식당 등 다양한 업종에 사용되면서 직원 채용 비용을 줄이는 역할을 하고 있다. 하지만 무인 결제기보다 손님이 많다면 역시 줄 서기를 피할 수는 없다.

줄 서지 않고 주문하기

자리에 앉아서 주문과 결제를 끝낼 수는 없을까? 커피 전문점 스타벅스가 이 문제에 해결책을 제시했다. 2013년 한국 스타벅스에서 처음 시작한 사이렌오더라는 서비스다. 사이렌오더를 이용하면 줄을 서지 않고 앉은 자리에서 주문할 수 있다. 주문한 메뉴와 결제 정보는 사용자가 자리 잡은 매장에 자동으로 전송된다.

이 같은 서비스가 어떻게 가능할까? 주문하는 사람의 위치 정보를 파악했기 때문이다. 우선, 매장에는 위치를 파악할 수 있는 장치가 설치되어 있다. 이 장치는 매장에 있는 고객의 스마트폰 위치를 알아내 서비스를 제공한다. 사용자가 메뉴 선택과 주문을 마치고 나면 실시간으로 메뉴 준비 상황도 알려 주므로 음료가 준비되었다는 알림이 올 때까지 편하게 기다릴 수 있다. 사용자의 위치 정보만 파악된다면 매장 밖에서도 이용할 수 있다. 근처 매장 위치를 애플리케이션으로 알려주면 가게로 이동하면서 주문할 수 있으니 시간이 절약된다.

이처럼 사용자의 위치를 파악한 뒤 맞춤형 정보를 제공하는 서비스를 위치 기반 서비스라고 한다. 정확한 위치 정보를 알아내기 위해 이동 통신 신호, 와이파이 신호, GPS 신호, 근거리 통신 기술 등을 활용한다. 초창기에는 군사용으로 사용되던 기술이었지만 이제 우리 생활 곳곳에 자리 잡았다. 우리가 일상적으로 사용하는 버스 운행 정보나 날씨 정보부터 맛집, 최저가 주유소 등 이동하는 경로마다 맞춤 정보를 제공하는 지도와 내비게이션도 위치 기반 서비스다.

위치 기반 서비스, 비콘

위치 기반 서비스는 장소에 따라 활용되는 기술이 다양하다. GPS 위치 정보는 지구 밖에 있는 위성과 통신해 위치를 파악한다. 따라서 건물 안에서는 GPS 신호를 이용할 수 없다. 실내에서는 NFC나 블루투스와 같은 근거리 통신 기술을 활용한다. 다만 NFC는 통신 범위가 10센티미터 이내이므로 다양한 용도로 활용하기는 어렵다.

이에 반해 블루투스는 통신 속도와 범위를 꾸준히 개선하며 활용도를 높이고 있다. 특히 블루투스 4.0 버전부터 이전보다 전력 소모량이 크게 준 덕분에 단추형 건전지 1개로도 수년 동안 작동할 정도다. 이를 저전력 블루투스BLE, Bluetooth Low Energy라고 부른다. 이론상 최대 통신 범위는 반경 100미터까지다.

저전력 블루투스 기술을 바탕으로 한 통신 기술 또는 통신 장치를 비콘Beacon이라고 한다. 비콘은 안전하게 운행하도록 돕는 신호등 불빛이라는 뜻이다. 어두운 밤, 배나 비행기의 위치 파악을 돕고 신호를 보내는 등대나 관제탑에 비유할 수 있다. 비콘은 가까이 있는 기기의 위치를 파악하고 통신하는 기능을 수행하므로 위치 기반 서비스에 활발히 사용되고 있다.

무엇보다 비콘 기술은 전력 소모가 적다는 것이 장점이다. 블루투스 통신 기능을 하루 종일 켜두어도 스마트폰과 송신 장치 모두 배터리 사용에 대한 부담이 적다. 게다가 별도의 페어링 과정도 필요 없다. 이렇게 편리한 덕분에 비콘은 위치 기반 서비스에 빠르게 적용되었다. 스타벅스 사이렌오더도 이 방식을 혼합해 사용하고 있으며 그 밖에 홍보 마케팅, 전시 안내, 금융 서비스

등에도 비콘 기반의 고객 맞춤형 서비스가 다수 등장했다. 비콘이 설치된 은행, 가게 주변을 지나면 사용자 위치를 인식해 사용자에게 맞는 광고나 할인 쿠폰을 자동으로 발송해 준다. 미술관, 박물관에서 사용자가 전시물 근처에 가면 알아서 관련된 설명을 시작하기도 한다.

해외의 한 은행은 지점 안에 비콘을 설치해 고객이 방문하면 나이, 성별, 수입에 맞는 금융 상품 정보를 안내한다. 또는 만족도 조사 같은 설문을 유도해 상품 홍보와 서비스 개선에 활용한다. 이를 통해 은행은 홍보 비용을 줄이고 고객 의견을 모으는 데 필요한 수고를 덜 수 있다.

고객이 몰리는 시간에 대기 시간을 줄이기 위해 적용한 사례도 있다. 은행을 방문하면 스마트폰 애플리케이션에 대기 번호표가 주어진다. 그리고 차례가 다가오면 자동으로 알려 준다. 덕분에 대기표 발급에 드는 시간이 줄었고 알림 쪽지가 올 때까지 근처에서 다른 일을 할 수도 있다.

미국의 한 대형 백화점에서는 고객의 구매 내역을 분석해 매장을 지날 때 상품 추천, 할인 정보, 각종 쿠폰 등 맞춤형 정보를 제공한다. 비콘을 이용한 위치 정보 서비스를 타깃 마케팅 수단으로 활용한 사례다.

　우리나라에서도 부산의 한 은행이 구청과 손잡고 지역 소상공인들을 돕는 위치 기반 서비스를 도입했다. 관광 명소인 카페 거리에 비콘을 설치해 고객이 거리를 지날 때 은행 애플리케이션에 가게와 메뉴 정보가 뜨게 했다. 할인 쿠폰을 다운로드할 수 있고 이용 후기를 살펴본 뒤 마음에 드는 매장을 골라 곧바로 주문할 수도 있다.

　국내 한 카드사는 고속도로 휴게소 음식을 미리 주문할 수 있는 위치 기반 서비스를 제공하고 있다. 사용자가 휴게소에 들어서면 휴게소 매장과 메뉴판 정보를 알려 준다. 사용자는 스마트폰을 보며 메뉴를 고르고, 결제한 뒤 주문 번호표까지 받게 되므로 줄을 서지 않는다. 사용자는 휴게소의 혼잡을 피하고 매장은 주문에 드는 인력과 시간을 절약해 생산성을 높일 수 있으니 일석이조인 셈이다.

가상 울타리, 지오펜스

완벽하고 영원한 기술은 없다. 비콘에 이어 지오펜스Geofence라는 기술이 위치 기반 서비스에 도입되고 있다. 지오펜스는 지리geography와 울타리fence의 합성어로, 우리가 생활하는 실제 공간에 눈에 보이지 않는 울타리를 친다는 뜻이다. 그리고 이 가상의 울타리 안에 출입하거나 머무르는 사람의 정보를 파악한다. 미리 설정한 영역 안으로 사용자가 들어온 위치, 빠져나가는 시간, 영역 안에서 보낸 시간, 현재 위치 등을 알아낼 수 있다. 이 정보는 고객의 행동과 사고방식을 분석하는 데 사용한다. 그리고 개개인의 상황과 조건에 맞게 메시지나 애플리케이션 알림으로 할인 쿠폰, 매장 추천, 이벤트 안내를 발송해 효율적으로 홍보와 마케팅을 수행할 수 있다.

소비자 입장에서는 비콘 기반의 서비스와 크게 다를 바 없어 보인다. 하지만 지오펜스는 비용과 정확성 면에서 비콘보다 낫다. 비콘은 블루투스 기반의 서비스로 스마트폰과 신호를 주고받기 위한 단말기가 필요하다. 따라서 설치하고 관리하는 비용이 든다. 또한 저전력 블루투스 기술은 미터 단위로 위치를 파악하므로 매장 안과 밖을 구별하기 어렵다. 파악한 위치 정보가 정확하지 않다고 지적되는 이유다. 게다가 고객이 항상 블루투스 기능을 켜두어야 서비스가 이루어지므로 일부 사용자에게는 서비스가 아예 제공되지 않을 수 있다.

반면에 지오펜스는 별도의 단말기가 필요 없다. 사용자 근처의 기지국, 와이파이 중계기, GPS 위치 정보 등 기존 장비를 이용하기 때문이다. GPS 정보는 위치 확인에 주로 사용되는 비교적 정확한 수단이지만 오래 쓰면 배터리가 빨리 닳고 실내에서 사용하지 못한다는 단점이 있다. 지오펜스는 이 문제를 보완하기 위해 이동 통신 기지국과 와이파이에 접속한 정보를 결합해 사용한다.

이들 정보는 GPS로 측정한 위치 정보를 더 정확하게 보완하므로 위치를 비교적 정확히 파악할 수 있다.

이 때문에 서비스를 제공하는 업체들은 지오펜스 기술을 선호한다. 우리나라의 대표적인 카드 회사 1개를 제외한 나머지는 모두 비콘 대신 지오펜스 기술을 적용하기로 방향을 바꾸었다.

사생활이 침해되지는 않을까?

위치 기반 서비스는 기술의 진화를 거듭하며 활용 범위를 넓혀가고 있다. 하지만 위치 기반 서비스가 풀어야 할 숙제가 있다. 사생활 침해에 대한 사용자의 우려다.

내가 언제, 어디에 있었는지 누군가 다 알고 있다고 생각해 보자. 별로 달가운 일이 아닐 것이다. 위치 정보는 함부로 유출하거나 이용할 수 없도록 법으로 보호받는 매우 민감한 정보다. 따라서 사용자가 자신의 위치 정보에 대한 접근을 허용하고 알림을 받겠다고 동의할 때만 위치 기반 서비스가 가능하다. 이는 개인정보를 보호하기 위한 당연한 절차지만 달리 말하면 소비자 동의 없이는 어떤 서비스도 실행할 수 없다는 뜻이다. 기업은 사용자의 위치 정보를 활용하기 전에 사생활 침해와 쏟아지는 광고성 알림에 대한 거부감을 어떻게 줄일지 충분히 고민해야 한다. 실제로 미국 매사추세츠주에서는 소비자 보호를 위해 위치 정보 기반 광고 활용에 반대하는 법이 최초로 통과되기도 했다.

그러나 전문가들이 바라보는 미래는 긍정적이다. 그들은 2022년까지 지오펜스 기반의 서비스 시장이 매년 평균 약 30퍼센트씩 성장할 것으로 예상한다. 여러 논란과 우려가 있지만 위치 기반 서비스는 거스르기 힘든 큰 흐름으로 보인다.

나만 열 수 있는 생체 인증 지갑

지하철을 타기 위해 승강장으로 이동한다. 통로 벽마다 홍채 인식 장치가 여기저기 설치되어 있다. 이 장치는 순식간에 내 홍채를 스캔해 흥미를 끌 만한 광고를 전광판에 띄운다. 지하철이 도착해 내부로 들어섰다. 지하철 천장에 부착된 홍채 인식 센서가 탑승객의 홍채를 인식해 자동으로 요금을 결제한다.

영화 <마이너리티 리포트Minority Report>의 한 장면을 재구성한 내용이다. 영화가 2002년에 개봉했으니 벌써 20년에 가까운 시간이 흘렀다. 빠르게 변하는 기술 분야에서 20년은 꽤 오랜 시간이다. 이제 영화 속에 등장한 생체 인식 기술은 공상이 아닌 현실이 되어 일상생활에 사용되고 있다.

생체 인식 기술이란 사람마다 고유한 형태를 가진 지문, 홍채,

정맥, 얼굴 모양 등의 생체 정보를 파악해 본인 여부를 확인하는 기술이다. 음성, 글씨체, 걸음걸이 등 행동 정보를 통해 개인을 식별하는 기술도 생체 인식에 포함된다. 생체 인식 기술은 보안 장치에 주로 활용되기 시작했고 그 범위가 확대되고 있다.

이제 지문, 홍채, 얼굴 정보로 비밀번호를 대신하거나 이를 인식해 스마트 기기의 잠금 화면을 푸는 장면을 흔하게 볼 수 있다. 철저한 신원 확인이 필요한 공항 출국장에서도 생체 정보를 이용한다. 우리나라 국내선의 경우 지문과 손 정맥을 등록해 두면 전용 게이트를 통해 빠르게 출국장으로 나갈 수 있다. 직원에게 신분증을 확인받는 절차가 사라졌으니 신분증을 들고 대기 줄에서 기다리지 않아도 된다. 덕분에 신속한 탑승 수속이 가능해졌고 신분증 위조나 변조에 따른 사고도 예방할 수 있게 되었다.

바이오 페이, 스마트폰도 필요 없다

보안 장치나 신원 조회에 폭넓게 사용되고 있는 생체 인식 기술은 전자화폐 기반의 상거래에서도 중요한 역할을 하고 있다. 인터넷 송금이나 카드 결제는 얼굴을 보지 못하는 상태에서 이루어지므로 계좌 또는 카드의 주인을 확인하기 위한 인증 절차가 필요하다. 초창기에는 비밀번호나 공인인증서 같은 인증 수단이 주로 활용되었다.

그런데 개인 정보 유출 사고가 자주 발생하면서 불안감이 커졌다. 같은 비밀번호를 여러 곳에 쓰는 경우 개인 정보가 유출되면 해당 비밀번호를 똑같이 사용한 모든 곳에서 피해가 생기기 때문이다.

인증서는 단순하게 비밀번호를 입력하는 방법보다 강화된 인증 수단이다. 자신을 인증하기 위해 전자화된 정보로서, 파일 형태로 보관된다. 인증서를 소유한 사람이 비밀번호도 알아야 하므로 비밀번호만 사용할 때보다 보안 수준이 한 단계 올라간다. 다만 결제 단계도 늘어나는 불편이 따른다.

반면 생체 정보는 분실하거나 도둑맞을 위험이 없고 빠르게 인증할 수 있다. 따라서 생체 인증 결제는 보안 위험을 줄이고 결제 과정도 간략하게 줄이는 장점이 있다.

생체 정보를 결제에 사용하는 형태는 크게 2개로, 스마트 기기의 필요 여부에 따라 구분할 수 있다. 첫 번째는 스마트폰 기반 결제 방식에 생체 인식을 결합한 방식이다. 이 방식은 비밀번호를 대체하는 수단으로 생체 정보를 사용한다. 'OO페이'라는 이름의 간편 결제를 떠올리면 쉽게 이해된다. 이들 서비스는 스마트폰으로 QR코드를 스캔해 돈을 보내거나 스마트폰 근거리 통신 기능을 이용해 결제할 때 쓴다. 이때 인증 절차가 필요한데,

지문이나 정맥 같은 생체 정보는 최소 4자리 이상인 비밀번호보다 간단하면서 정보 유출로부터 안전하다.

생체 정보를 이용한 두 번째 결제 방식은 우리 신체 외에 아무것도 요구하지 않는다. 카드나 스마트폰 등 다른 결제 수단 없이 생체 정보만으로 결제하는 방식이므로 바이오 페이Bio pay라고 부른다. 생체 인증 결제를 뜻하는 바이오 페이는 사람마다 특징이 다른 얼굴, 정맥 같은 신체 정보를 활용한다. 스마트폰 기반의 간편 결제가 현금이나 카드 없이 결제가 가능한 캐시리스, 카드리스 사회를 이끌었다면 이 방식은 스마트폰 같은 기기마저 필요 없는 디바이스리스device less 결제가 목표다.

우리나라는 금융, 결제 서비스 분야에 적극적으로 생체 인식 기술을 도입하는 중이다. 먼저 정부와 시중 은행이 생체 정보에 바탕을 둔 금융 서비스 활성화를 위해 애쓰고 있다. 각 은행은 적극적으로 생체 인증을 이용한 금융 서비스를 선보이고 있다. 이는 은행을 감독하는 금융위원회가 통장이나 카드 없이 생체 정보 인증을 통해 인출할 수 있도록 규정을 개정한 덕분이다.

카드 회사들도 플라스틱 카드나 스마트폰 없이 간편하게 인증하고 결제하는 바이오 페이를 적극적으로 도입하고 있다. 생체 인식 결제는 간편 결제의 추격을 따돌리기 위한 수단 중 하나다.

가장 먼저 활용된 지문 인증

지문은 다른 생체 정보보다 앞서 활발히 활용되어 왔다. 학교 기숙사 출입을 위해 열쇠 대신 지문을 사용하며, 주민 센터와 같은 관공서에서도 민원서류를 발급할 때 지문 인식을 활용한다. 지문으로 출퇴근 시간을 기록하는 일터도 있다.

지문은 결제 분야에서도 널리 사용된다. 애플은 2014년부터 애플페이 결제에 지문 인증을 도입했다. 사용자가 매장의 NFC 단말기에 신용카드 정보를 전송하면 지문으로 그 카드가 자신의 것임을 인증하는 방식이다. 스마트폰의 홈 버튼에 손가락만 갖다 대면 본인 인증이 끝난다. 이 기능은 길에서 주운 스마트폰을 함부로 사용하지 못하게 막는 역할도 한다. 삼성페이 같은 국내 간편 결제 업체 역시 온오프라인 결제를 위한 인증 수단으로 지문을 사용한다.

생체 인식 장치가 달린 현금 인출기도 있다. 이 같은 인출기가 나타난 배경은 금융 사기와 관련이 있다. 보이스 피싱 같은 수법으로 금융 정보가 유출되더라도 범죄자가 현금을 찾을 수 없도록 막아 피해를 예방하자는 아이디어다. 즉 생체 정보가 현금을 가로채지 못하게 막는 마지막 자물쇠이자 열쇠인 셈이다. 갈수록 교묘해지는 금융 사기를 막기 위해 100만 원 이상 인출 시 비밀번호와 지문 인식을 결합한 인증 방식을 사용하자는 논의가 2014년부터 시작되었다. 2004년, 일본은 우리보다 먼저 이 방법을 적용했다. 카드 도난과 복제로 생기는 피해를 막고자 현금 인출기에 손바닥 정맥 인증 방식을 도입했고 금융 사고가 눈에 띄게 줄었다.

지문 인식의 장점은 흔히 말하는 '가성비가격 대비 성능비'라고 할 수 있다. 지문 인식은 장치를 설치하고 지문을 인식하는 과정에 필요한 노력이나 비용과 비교해 효과가 좋다. 우선 간단하다. 손가락을 지문 인식 장치에 대는 동작만으로도 신원을 파악할 수 있다. 생체 인증은 정확도도 중요하지만, 사용자가 그 방식을 불편해하거나 거부감을 느끼면 실생활에 적용하기 어렵다. 손가락은 드러나 있고 크게 굽히거나 펴는 수고 없이도 인식시키기 쉬운 신체 부위다. 따라서 사용자가 부담 없이 활용할 수 있다. 또한 지문 인식 장치와 관련 시스템을 구축하는 비용이 다른 생체 인식 장치보다 저렴하다. 게다가 기본적으로 지문 인식 장치가 포함된 스마트폰도 많아 활용도가 높다.

혈관이 인증 정보가 되다니

정맥은 피를 심장으로 보내는 혈관으로 우리 몸 전체에 퍼져 있다. 그중 손목이나 손등에 있는 푸르스름한 정맥은 눈으로도 확인할 수 있는데 모두 비슷한 듯 보이지만 실은 그렇지 않다. 일란성 쌍둥이조차도 정맥의 모양은 다르다고 알려졌다. 사람마다 다른 패턴을 보이는 만큼 신원을 확인하기에 알맞은 수단이다.

정맥 인증 기술은 주로 손에 뻗어 있는 정맥 모양으로 개인을 파악한다. 그 과정은 지문 인증만큼 간편하다. 먼저 사용자가 혈관 스캐너 위에 손목이나 손바닥을 댄다. 그러면 기계가 적외선을 비추어 반사된 영상으로 정맥의 모양을 파악한 후 스캐너에 인식된 정맥 정보가 미리 등록한 정보와 같은지 비교해 신원을 확인한다.

정맥이 온몸에 퍼져 있는데, 손목이나 손바닥 정맥을 이용하는 이유는 무엇일까? 스캐너에 편하게 인식시킬 수 있기 때문이다. 팔꿈치 정맥을 사용한다고 생각해 보자. 팔꿈치를 구부려 스캐너에 갖다 대기 위해 애쓰는 상황을 머릿속에 그려 보면 왜 손 부위의 정맥을 이용하는지 금방 이해가 된다.

정맥 인증은 지문 인증과 비교했을 때 장점이 있다. 지문은 손가락에 물, 기름, 먼지 등 이물질이 묻으면 인식률이 떨어진다. 이 때문에 공사장이나 군부대 같은 바깥에서는 사용하기 어렵다. 또한 지문은 스캐너에 직접 손가락을 접촉해 인식하는 2차원 평면 정보라서 복제될 위험이 크다. 반면에 정맥은 혈관이 나무의 잔가지처럼 다양한 지점과 각도에서 뻗어 나가는 3차원 입체 정보이므로 복제하기가 까다롭다. 인식 과정에서 스캐너에 접촉하지 않는 방식이라 더 안전하다. 이물질에 의해 피부 상태가 변해도 인식할 수 있으니 폭넓은 환경에서 이용할 수 있다.

정맥을 통한 인증 방식은 금융 결제 분야에서 활발히 쓰이고 있다. 유럽과 일본에서는 일찍부터 손바닥 정맥 인증만으로도 현금을 찾을 수 있었다. 우리나라의 한 은행에서도 2019년 4월부터 카드 없이 정맥 인증만으로 현금 인출이 가능한 '손으로 출금 서비스'를 시작했다. 전국으로 확대된 이 서비스는 체크카드 발급, 비밀번호 변경, 금융 상품 해지 등의 업무도 정맥 인증으로 할 수 있도록 범위를 넓혀 가고 있다.

2017년 국내 한 카드 업체 역시 생체 정보만으로 결제할 수 있는 '핸드페이' 서비스를 시작했다. 손바닥 정맥 인증을 통한 결제 방식으로, 이를 활용할 수 있는 무인 편의점도 같은 시기에 함께 열었다. 이곳에서는 손바닥만 결제 단말기에 갖다 대면 미리 등록한 정맥과 일치하는지 비교해 결제가 이루어진다. 바이오 페이를 실생활에 구현한 것이다. 담배나 술 종류를 구매할 때 필수 단계인 성인 인증도 신분증 대신 손바닥을 스캐너에 대서 해결한다. 이 서비스는 전용 결제기와 정맥 등록 장치를 설치할 때 비용이 들어 아직 널리 퍼지지 못했다. 하지만 사용자가 스스로 정맥 정보를 등록할 수 있는 셀프 등록 장치와 전용 결제기를 꾸준히 늘려 가고 있다.

얼굴로 본인 인증하는 방법

QR코드가 없는 곳을 찾기가 더 어려울 만큼 간편 결제가 일상화된 중국은 바이오 페이 도입에도 적극적이다. 2017년에는 중국을 대표하는 간편 결제 업체가 카드나 스마트폰 없이 얼굴 인식만으로 결제하는 서비스를 음식점 매장에 선보였다. 무인 주문기에서 메뉴를 고른 후 얼굴 인증 결제를 선택하면 약 1초 만에 얼굴을 파악하고 끝으로 전화번호를 입력해 결제하는 방식이다.

2019년 편의점 천국이라 불리는 일본에서도 얼굴 인증 결제 시스템이 도입되었다. 한밤중에 일할 점원을 구하는 대신 얼굴 인증 결제로 운영하는 편의점이 등장한 것이다. 우리나라는 한 카드사가 2019년부터 '페이스 페이'라는 이름의 얼굴 인식 결제 서비스를 시범 운영하며 상용화를 계획하고 있다.

얼굴 인증 결제를 위해서는 해당 애플리케이션에 미리 얼굴 사진을 등록하고 은행 계좌를 연결해야 한다. 이후 얼굴 정보를 통해 보안 인증이 완료되면 결제 금액은 해당 계좌에서 빠져나간다.

사람이 다른 사람을 파악하는 첫 번째 수단이 얼굴인 만큼 얼굴은 자연스러운 인증 수단이다. '셀카'를 찍어 본 경험이 한 번씩은 있을 것이다. 덕분에 사용자가 카메라를 이용하는 거부감이 적다는 장점도 있다.

사람은 보통 다른 사람을 대할 때 전체적인 얼굴의 생김새를 본다. 반면에 얼굴 인증 기술은 눈썹, 코, 입, 턱 등 50곳이 넘는 세부적인 부분을 분석하고 인식한다. 이때 단순히 2차원 사진을 찍어 비교하지는 않는다. 3차원 카메라로 입체적인 얼굴의 특징을 파악해 인증 센터에 안전하게 저장한 뒤 실제 스캔된 얼굴과 비교하므로 신원 파악의 정확성을 높이고 위조 가능성을 낮춘다.

얼굴 인증 기술을 사용하면 카드, 신분증, 스마트폰 등 다른 도구가 필요 없어 소지품을 줄일 수 있다. 지문이나 정맥을 인식시키지 않아도 되니 인증 단계를 간소화할 수 있다. 매장 주인 입장에서는 자동화를 통해 인건비를 줄일 수 있는 방식이기도 하다.

하지만 생체 인식 기술 사용을 경계하는 목소리에도 귀 기울여야 한다. 2019년 중국은 한 도시의 지하철 전 노선에 안면 인식 결제 시스템을 도입했다. 앞서 언급한 영화 속 장면이 거의 그대로 실현된 것이다. 문제는 교통 통제와 범죄자 검거에 활용했던 안면 인식 기술이 생활 곳곳에 파고들면서 사생활 침해와 감시에 대한 우려도 커진다는 점이다. 얼굴은 지문, 정맥과 달리 늘 외부에 드러나 있다. 곳곳에 있는 CCTV에 안면 인증 기술을 적용한다면 개인의 위치와 이동 경로가 손쉽게 노출될 수밖에 없다.

생체 인증 기술은 핀테크의 정점이다. 이 기술을 사용할 때 얻는 유익과 사람들의 일상을 감시하거나 통제하는 '빅 브라더'의 출현에 대한 우려가 모두 존재한다. 균형을 잡기 위한 제도적 방안이 필요하다.

> **빅 브라더**
>
> 정보를 독점하고 개인을 감시하는 권력자 또는 사회 시스템을 뜻한다. 생체 인증은 편리하지만, 개인을 감시하는 수단으로 악용될 수도 있어 이에 대한 우려가 꾸준히 제기되고 있다.

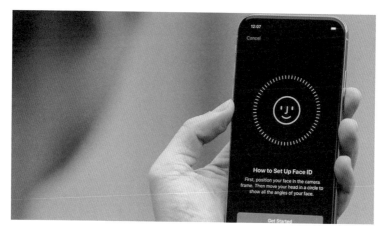

얼굴 인증 기술은 편리한 만큼 빠르게 퍼져 나가고 있다. 하지만 사생활 침해와 감시 문제도 있다.

진로찾기 **임베디드 개발자**

임베디드 시스템은 특정한 용도로만 사용하려고 만든 장치다. 전기밥솥, 전화기, 냉장고 같은 가전제품부터 게임기, 엘리베이터, 현금 인출기, 자동차, 드론, 군사 장비까지 그 폭이 매우 넓다. 최근 늘어난 가정용 CCTV나 인공 지능 스피커 같은 사물인터넷 기기 역시 임베디드 시스템 중 하나다. 이들 장치는 고유한 기능을 수행할 수 있도록 중앙처리장치CPU가 내장embed되어 있어, 임베디드 시스템이라 부른다.

임베디드 시스템은 크게 하드웨어와 소프트웨어로 나눌 수 있다. 하드웨어란 물리적인 장치다. 스마트폰을 예로 들면 액정 화면, 메모리카드, 중앙처리장치처럼 보고 만질 수 있는 '딱딱한' 요소가 하드웨어다. 소프트웨어는 하드웨어를 동작시켜 원하는 기능을 실행할 수 있게 하는 프로그램이다. 스마트폰의 각종 애플리케이션을 떠올리면 된다. 소프트웨어는 차갑게 식어 있는 하드웨어가 움직이도록 온기를 불어넣는다.

임베디드 시스템 개발자가 해야 할 일도 둘로 나눌 수 있다. 특정한 목적의 하드웨어를 개발하는 일, 그리고 이를 작동시킬 소프트웨어를 개발하는 일이다. 일반적으로 이 2개를 모두 수행하는 사람을 임베디드 개발자, 소프트웨어만 개발하는 사람을 임베디드 소프트웨어 개발자라고 부른다.

임베디드 소프트웨어는 일반 소프트웨어와 개발 환경이 다르다. 소프트웨어를 개발할 때는 프로그래밍 언어로 코드를 작성하고 이를 기계어로 번역해 실행 결과를 확인한다. 일반 소프트웨어는 이 모든 과정이 컴퓨터 안에서 이루어진다. 반면에 임베디드 소프트웨어는 컴퓨터에서 코딩하고 번역한 후 특정 하드웨어로 옮겨서 실행 결과를 확인한다. 즉, 개발하는 목적에 따라 소프트웨어를 실행할 하드웨어 환경이 달라진다. 따라서 임베디드 소프트웨어 개발자는 일반 소프트웨어 개발자보다 하드웨어에 대해 더 잘 이해해야 한다. 이 같은 차이 때문에 일반 소프트웨어 개발보다 발을 들여놓기 부담스러울 수 있지만 그만큼 경쟁이 적다는 장점도 있다.

관련 대학 전공으로 전자학과, 소프트웨어학과가 있다. 임베디드 소프트웨어를 포함한 폭넓은 진로를 꿈꾼다면 전자학과

진학을 생각해 볼 수 있다. 전자학과의 교육 과정에서는 하드웨어의 구성과 동작 원리를 깊이 있게 다루고, 소프트웨어 영역도 포함하기 때문이다. 응용소프트웨어학과는 다양한 분야에 이용되는 소프트웨어 개발을 배울 수 있는 학과다.

또 다른 방향으로 학과명에 임베디드가 들어간 전공을 선택할 수도 있다. 임베디드 시스템 공학과는 하드웨어와 소프트웨어 그리고 이들을 융합한 시스템에 대한 교육 과정을 각 트랙으로 나누어 이론과 실습 수업을 진행한다. 따라서 이 학과를 전공할 경우, 자신의 흥미와 적성에 따라 임베디드 하드웨어 또는 소프트웨어 개발자로 진출할 수 있다. 임베디드 소프트웨어 개발만을 꿈꾼다면 프로그래밍을 더 강조한 임베디드 소프트웨어 공학과로 진학할 수 있다.

우리를 둘러싼 금융과 결제 시스템을 혁신하고 있는 주역은 핀테크다. 이제는 일상이 된 모바일뱅킹, 앱카드, 간편 결제 서비스부터 급격한 시세 상승으로 세계적으로 관심을 끈 암호화폐까지 모든 금융 서비스를 핀테크의 영역으로 볼 수 있다.

 따라서 핀테크 전문가의 역할 역시 다양하다. 새로운 형태의 금융 서비스를 기획·개발하거나 시스템을 구축하고 관리하는 일, 해킹을 막고 보안 대책을 마련하는 일도 그들의 몫이다. 더 나은 서비스를 위해 고객의 데이터를 수집하고 분석해 맞춤형 서비스를 제공하는 알고리즘을 개발하기도 한다.

 핀테크의 핵심은 고객의 생활 방식에 적합한 금융 서비스를 만드는 것이다. 핀테크 전문가는 고객에게 필요한 금융 서비스가 무엇인지 파악하기 위해 금융에 관한 지식이 있어야 하고 이를 소프트웨어나 플랫폼으로 구현할 수 있는 기술도 필요하다. 새로운 사업을 구상해 내는 감각과 급변하는 기술에 대한 이해 능력이 필요하다. 이를 바탕으로 새로운 기술과 금융 서비스를 연결하는 융합적 사고력을 발휘해야 한다. 한 사람이 이 모든 능력을 깊이 있게 갖추기는 어렵다. 따라서 동료와 협업할 수 있는 의사소통 능력이 중요하다.

핀테크 전문가를 딱 잘라 금융 전문가 또는 소프트웨어 개발자로 분류하기는 어렵다. 금융을 비롯한 인문학적 소양을 갖추고 기술에도 밝은 사람, 핀테크 전문가의 역량은 정확하게 미래 사회의 인재상과 일치한다. 이런 상황을 반영하듯 우리나라 주요 은행은 정보 기술 전문가를 더 많이 채용하고 있다. 그간 금융 업계에서 상경 계열이라 부르는 경영학과, 경제학과 출신 위주로 채용해 왔다는 점을 생각해 보면 큰 변화라 볼 수 있다. 전통적인 상경 계열 전공자의 직장이었던 금융 업계가 융합의 중요성을 깨닫고 있음을 확인할 수 있다.

금융 업계의 변화를 체감할 수 있는 또 다른 사례도 있다. "회사의 모든 사내 안내문은 파이썬 언어로만 쓰라. 식당과 카페의 메뉴까지." 2018년 국내 대표 카드 회사의 부회장이 직원들에게 지시한 내용이다. 앞서 이 회사는 8주 동안 파이썬 언어 교육도 시행했다. 직원 대부분이 인문 계열 출신인 회사에서 이렇게

까지 정보 기술을 강조하는 이유는 무엇일까? 정보 기술이 금융 업계의 핵심이 되었고 이에 대한 이해 없이는 앞으로 살아남기 어렵다는 절박함이 있어서라고 이해해도 될 것이다.

다음은 핀테크 전문가를 꿈꾸는 학생을 위한 간단한 테스트다. 이 분야에 진출을 희망하는 학생들이 고려해 보면 좋겠다.

- 나는 문제의 해답을 찾는 것보다 증명하고 해결해 나가는 과정을 중시한다.
- 나는 문제를 해결하는 과정을 즐긴다.
- 나는 논리적 사고력, 분석력, 추리력이 있다는 평가를 받는다.
- 나는 어렵지 않게 컴퓨터를 활용할 수 있다.

핀테크 전문가와 관련된 전공 학과로는 금융 수학과, 금융정보공학과, 응용 수학과, 수학·정보 통계학부, IT 금융학과 등이 있다. 이들 학과에서는 단순히 계산을 통해 답을 찾는 데 능통한 사람을 길러 내지 않는다. 수학적인 사고력은 기본이고 그 지식을 금융 공학, 정보 기술, 생명 공학, 인문 과학 등 다양한 분야에 응용할 수 있는 인재를 양성하는 것이 목표다. 이처럼 융합을 목표로 하는 학과 특성상 졸업 후 진출하는 영역이나 직업도 다양하다. 대표적으로 핀테크 전문가, 금융 자산 운용가, 인공위성개발원, 자연과학 시험원 등이 있다.

3장

국경도 국적도
없는 화폐

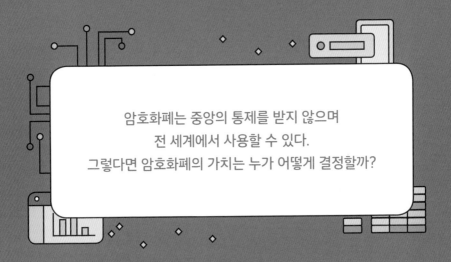

암호화폐는 중앙의 통제를 받지 않으며
전 세계에서 사용할 수 있다.
그렇다면 암호화폐의 가치는 누가 어떻게 결정할까?

암호화폐는 어떻게 만들어질까?

암호화폐는 발행하거나 관리하는 기관은 없지만 전 세계에서 사용할 수 있는 전자화폐다. 2000년대 초반 인기를 끌었던 싸이월드의 도토리와 비교되기도 한다. 전자화폐와 싸이월드 도토리 둘 다 실물 화폐가 아니며 온라인상에서 유통되고 사용할 수 있다는 점에서 비슷하다. 다만 도토리는 운영사인 싸이월드가 '도토리 1개 = 현금 100원'이라는 가치를 보장하고 발행의 주체로서 발행량을 통제했다는 점에서 차이가 난다.

암호화폐는 어떻게 만들어질까? 결론부터 이야기하면, 암호화폐는 블록체인이 만들어 낸다. 암호화폐가 블록체인이 낳은 알이라면 블록체인은 알을 낳는 거위인 셈이다. 블록체인이 작동하는 컴퓨터는 거위가 알을 낳도록 조성한 환경에 비유할 수 있다.

비트코인의 위대한 탄생

블록체인은 비트코인을 구현하기 위해 적용된 기술이다. 비트코인은 최초의 암호화폐로, 나카모토 사토시라는 사람이 발표한 논문에서 시작했다. 그는 은행, 정부 기관 같은 제삼자의 보증 없이 거래 당사자끼리 교환할 수 있는 비트코인이라는 선자화폐 시스템을 제안했다.

비트코인의 탄생은 2008년 미국에서 시작된 금융위기와 시기적으로 맞닿아 있다. 이때 미국 정부는 부실한 기업과 금융 기관을 지원하기 위해 달러를 계속 발행했다. 결과적으로 달러 가치가 하락해 물가는 폭등하고 금리는 추락했다. 금융위기로 불리는 이 사건은 세계 경제를 송두리째 흔들었다. 아울러 정부가 보증하는 기존 화폐 체계에 대한 신뢰를 무너뜨리기도 했다.

나카모토 사토시가 누구인지는 밝혀지지 않았다. 개인의 이름인지, 단체의 명칭인지도 확인된 바 없다. 분명한 사실은 그가 제시한 '탈중앙 화폐 시스템'인 비트코인이 실제로 세상에 나왔고, 2009년부터 지금까지 정상적으로 작동한다는 것이다. 그리고 비트코인 가격이 급격히 오르는 모습은 그 핵심 기술인 블록체인에 관한 관심도 함께 끌어올렸다.

2008년 금융위기

미국의 투자 은행, 리먼 브라더스의 파산에서 시작해 도미노처럼 각 나라의 금융 시장이 흔들린 위기다. 전 세계에 경제 침체를 가져왔다.

블록체인은 비트코인을 안전하게 거래하기 위해 처음 구현되었지만, 데이터를 기록하고 검증하는 모든 분야에 응용할 수 있는 혁신적인 기술이다. 다만 비교적 새로 등장한 개념인데다 용어가 낯설어 어렵게 생각하는 사람이 많다. 블록체인을 이해하기 위해 인터넷뱅킹과 암호화폐를 이용한 거래를 비교해 살펴보자.

인터넷뱅킹과 암호화폐의 차이

A는 중고 거래 사이트에 B가 내놓은 물건을 5만 원에 사기로 했다. A가 인터넷뱅킹을 이용해서 B에게 물건값을 부치는 과정은 다음과 같다.

[신청] A는 인터넷뱅킹에 접속해 B의 계좌로 5만 원을 보내겠다고 신청한다.

[검증] 은행은 거래 신청 데이터A의 계좌, B의 계좌, 이체 금액 5만 원를 보고 A의 계좌에 5만 원 이상이 남아 있는지 확인한다.

[기록] 확인 결과 이상이 없다면 은행은 B의 계좌로 5만 원을 보낸다. 이때 실제로 돈을 보내고 받는 일은 일어나지 않는다. 은행은 단지 A 계좌에서 5만 원을 빼고 B 계좌에 5만 원을 더한 결과를 보관 중인 거래 장부에 기록할 뿐이다.

[조회] 은행은 A와 B에게 자기 계좌의 거래 내역을 볼 수 있는 권한을 준다. 이제 A, B는 송금 결과를 확인할 수 있다.

인터넷뱅킹 거래 과정에서 사용자는 은행에 접속해 서비스를 요청하고 그 결과를 기다릴 뿐이다. 신청을 제외한 나머지 검증, 기록, 조회 과정은 모두 중개 기관인 은행이 처리하고 결과를 보증한다. 은행의 서버 컴퓨터가 모든 서비스를 제공하고 거래 내역을 기록하므로 이를 중앙 집중 시스템이라고 한다.

인터넷뱅킹을 이용하는 사용자는 거래를 중개해 준 대가로 은행에 이체 수수료를 지급해야 한다. 또한 중앙 컴퓨터가 해커에게 공격받을 경우 서비스 장애가 생길 수 있고 그 위험을 감수해야 한다. 중앙 컴퓨터에 전체 시스템의 기능이 집중되어 있기 때문이다.

반면 블록체인을 통한 암호화폐 거래에는 은행이 없다. 대신 암호화폐에 참여하는 사람 모두가 거래 내역을 비교하고 검증한다. 검증된 내용은 거래 장부에 기록하고 그 내용을 복사해 모두가 나누어 보관한다. 언뜻 들으면 누구든 장부를 볼 수 있으니 조작하기도 쉬울 것 같다. 하지만 반대로 공개를 했기 때문에 수정이 어려워진다. 거래 내용을 몰래 바꾸려면 다른 사람들이 가진 거래 장부를 전부 찾아 일일이 고쳐야 하기 때문이다.

블록체인의 작동 과정을 더 자세히 살펴보자. A, B, C, D, E 총 5명이 하나의 암호화폐 시스템에 참여하고 있다고 하자. A는 B에게 5만 원을 보내려고 한다.

[신청] A가 B의 계좌로 5만 원을 보내겠다고 신청한다.

[블록 생성] 거래 정보A → B, 이체 금액 5만 원가 블록이라는 형태로 저장된다.

[블록 전달] 블록은 A, B를 비롯해 C, D, E에게도 전달된다.

[검증] 참여자 5명은 블록 속의 거래 정보A → B, 이체 금액 5만 원를 검증하고 이상이 없다면 거래를 승인한다.

[기록] 5명 중 절반 이상3명 이상이 승인했다면 해당 블록은 정상으로 인정받아 이전 블록에 연결된다.

[송금] A의 계좌에서 B의 계좌로 5만 원이 들어간다.

거래 기록을 담은 블록이 순서대로 연결되어 고리chain를 이루므로 블록체인이라고 부른다. 블록체인은 모든 참여자의 컴퓨터에 분산되어 저장되므로 각 참여자가 은행 대신 거래를 기록하고 검증하며 그 결과를 보증한다.

여기서 승인이란 거래 정보가 담고 있는 내용에 동의하며 그 내용을 실행하는 것을 인정하는 절차다. 일상생활에서 승인은 주로 서류에 직접 서명하는 방식으로 이루어진다. 반면에 블록체인 세상에서의 승인은 암호화 기술을 이용해 구현해 낸 전자서명으로 대체한다.

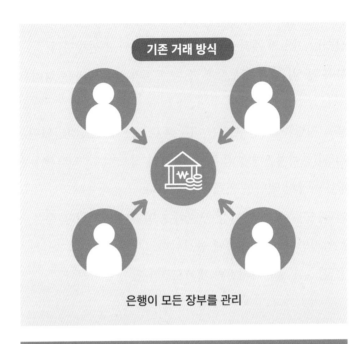

기존 거래 방식

은행이 모든 장부를 관리

블록체인 방식

참여자 모두가 장부를 가지고 투명하게 거래

블록체인을 움직이는 연료

블록체인 시스템은 개인의 참여로 이루어진다. 이때 참여하는 각각의 컴퓨터를 '노드'라고 부른다. 모든 노드는 거래를 검증하고, 그 내용을 보관함으로써 거래를 증명하는 증인 역할을 맡는다. 따라서 노드가 많을수록 거래 내역을 조작하기 어렵다. 반대로 참여 노드가 적다면 블록체인 시스템이 유지되기 어렵다. 비트코인 블록체인에는 9,000개 이상의 노드가 있다. 덕분에 비트코인 블록체인은 슈퍼컴퓨터 500대를 가지고도 해킹할 수 없을 만큼 안정적이다.

컴퓨터에 암호화폐 소프트웨어만 설치하면 누구나 노드로 참여할 수 있다. 하지만 노드로 작동하려면 컴퓨터가 네트워크에 연결되어 있어야 한다. 이는 전기료가 많이 들고 다른 일에 쓸 수 있는 컴퓨터 자원을 블록체인을 위해 희생하는 일이다.

얼굴도 모르는 사람의 거래를 증명하기 위해 자기 컴퓨터를 기꺼이 내놓는 이유가 무엇일까? 질문의 답은 나카모토 사토시의 아이디어에서 얻을 수 있다. 사토시는 블록체인에 기여하는 노드들에 보상을 주어야 한다고 생각했다. 그 고민의 결과가 바로 비트코인이다. 즉 암호화폐는 블록체인 시스템을 움직이게 하는 연료다. 암호화폐라는 보상 덕분에 세계 각지에서 참여한 컴퓨터만으로 블록체인 시스템이 유지된다.

블록체인 네트워크에 연결된 모든 노드는 거래 자료를 자유롭게 전달한다. 그중 몇몇 노드는 전달받은 거래 자료를 모아서 블록을 만들고 기록한다. 예를 들면 'A가 B에게 5만 원 보냄'이란 거래 내역을 블록 하나에 담는다. 이렇게 블록을 만드는 과정을 '채굴'이라 부르고 채굴에 참여하는 노드는 '채굴 노드'라고 부른다.

채굴을 하려면 해시값을 구해야 한다. 해시값이란 각 블록을 구별할 수 있는 유일한 값으로 블록 생성에 꼭 필요하다. 마치 주민등록번호와 같다. 그런데 해시값을 구하는 일이 간단하지 않다. 원하는 값을 찾을 때까지 무작위 숫자를 수백만 번 대입하는 수밖에 없기 때문이다. 채굴 작업이 까다롭기 때문에 '해시 퍼즐을 푼다'고 표현하기도 하며 이 과정에서 컴퓨터의 자원이 지나치게 소모된다.

게다가 다른 채굴 노드를 모두 제치고 1등으로 해시값을 찾은 노드만 블록을 만들 수 있다. 어떤 채굴 노드가 먼저 해시값을 찾아내면, 경쟁하던 다른 노드들은 해시값을 찾는 작업을 멈춘다. 대신 구해진 해시값이 조작되지 않았는지 검증한다. 검증 결과 이상이 없으면 새로 만들어진 블록은 블록체인에 연결되고 채굴한 노드는 보상으로 비트코인을 받는다.

블록체인이 조작에 강한 이유

블록체인은 블록이라는 상자에 거래 내역을 담고 이를 순서대로 연결한다. 각각의 요소를 설명하면 다음과 같다.

[거래] 거래에는 보낸 사람, 받는 사람, 금액이 기록된다. 예를 들어 A가 B에게 5만 원을 보내는 경우, 'A → B : 5'처럼 기록한다.

[해시값] 각 블록에 부여되는 고유한 값이다. 해시 퍼즐을 풀어서 얻은 답이 해시값이 된다.

[이전 해시값] 이전 블록에 들어 있는 해시값이다. 블록을 연결하는 역할을 한다.

105쪽 그림을 살펴보자. 블록 3의 이전 해시값 87은 블록 2의 해시값과 같고 블록 2의 이전 해시값 36은 블록 1의 해시값과 같다. 앞으로 생성될 블록 4의 이전 해시값은 302가 될 것이다. 이처럼 해시값은 블록들을 연결하는 체인이 된다.

블록체인이 위조와 변조에 강한 이유 중 하나가 바로 이 해시값 체인 덕분이다. 블록 2를 조작한다고 가정해 보자. 해시값은 고유하므로 새로 생성한 블록은 블록 2와 다른 해시값을 가질 수밖에 없다. 새로 조작해 만든 블록을 기존 블록 2 대신 끼워 넣는다 하더라도 블록 3의 이전 해시값과 다르므로 조작이 금방 들통나게 된다.

블록체인이 해시값을 이용해 조작을 막는 과정을 조금 더 자세히 살펴보자. A라는 사람이 블록 2의 거래 내역을 조작하려고 한다. A의 목표는 거래 8번을 조작해 원래 E에게 가야 할 5비트코인을 가로채는 것이다.

1. A는 B가 E에게 보낼 5비트코인을 자신에게 보내도록 거래 내역을 조작했다.

원래 거래 내역　　▶　　조작한 거래 내역

B → E : 5　　　　　　　B → A : 5

(B가 E에게 5비트코인 전송)　　(B가 A에게 5비트코인 전송)

2. 조작한 거래 내역을 담기 위해 새로운 블록을 생성한다. 이를 위해 1등으로 해시값을 구해야 한다. 이것부터 쉽지 않다.

3. A가 조작한 블록이 1번 블록 뒤에 연결된다.

해시값 계산 경쟁에서 이겨 1번 블록 뒤에 조작한 블록을 끼워 넣는 데까지는 성공했다고 하자. 하지만 조작한 블록의 해시값과 3번 블록이 가지고 있는 이전 해시값이 맞지 않다. 이 사실이 다른 노드들에 의해 밝혀지고 조작은 실패한다.

조작에 성공하는 방법이 아예 없지는 않다. 블록 3을 조작하고 그다음 이어지는 블록 4개를 연달아 자신이 만들어 내는 것이다. 다만 전 세계 경쟁자를 제치고 5번 연속 1등으로 해시값을 구해야 한다. 현실적으로 불가능에 가깝다. 온갖 수단을 동원해서 성공하더라도 조작해서 얻은 이익이 들어간 비용과 노력에 비하면 턱없이 부족하므로 시도할 엄두조차 낼 수 없다. 이것이 블록체인이 위조 공격을 막는 방식이다.

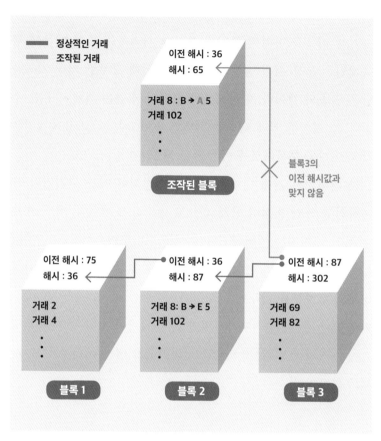

해시값은 블록을 연결하는 체인이다. 블록 하나를 조작해도 앞뒤 블록의 해시값이 다르므로 금방 들통나게 된다.

거래 기록을 여러 컴퓨터에 분산해 처리하는 특성 때문에 블록체인을 분산 거래 장부라고 부른다. 거래 장부란 거래 기록을 담은 일종의 책이다. 따라서 블록체인의 개념은 책에 비유할 수 있다. 각 블록은 거래 내역을 기록한 종이 1페이지고 블록체인은 각 페이지를 순서대로 묶어서 만든 책 1권과 같다.

각 페이지의 거래 내역은 펜으로 작성되어 이를 고치거나 삭제하려고 하면 흔적이 남게 되므로 조작하기 어렵다. 한번 책으로 묶인 페이지는 뜯어내거나 순서를 뒤바꾸어 끼워 넣을 수 없도록 페이지 번호가 매겨져 있다. 이것도 모자라 여러 명이 거래 장부의 복사본을 나누어 보관한다. 흔적 없이 거래 내역을 바꾸기 어려울 뿐 아니라 조작하려면 다른 사람이 보관 중인 장부도 함께 조작해야 한다. 블록체인은 위변조가 매우 어려운 거래 장부나 다름없다.

암호화폐의 가치는 어떻게 결정될까?

암호화폐는 블록체인에 노드로 참여해서 얻을 수 있는 보상 수단이다. 그런데 암호화폐가 아무런 쓸모도 없다면 이를 얻기 위해 수고하는 의미가 있을까? 가치는 무언가 쓸모 있고 좋다고 느끼는 데서 생겨난다. 그리고 공동체 구성원이 그것이 가치 있음을 믿고 인정해야 유지된다. 만 원짜리 지폐가 있다면 꺼내 보자. 이 초록색 종이를 만드는 데 약 150원이 든다. 하지만 누구도 이 150원짜리 종이로 만 원어치의 상품을 살 수 있다는 사실을 의심하지 않는다. 우리는 초록색 종이가 아닌 만 원이라는 화폐의 가치를 믿기 때문이다. 그리고 이 믿음은 우리나라 정부가 법적으로 가치를 보증하기 때문에 생긴다. 그렇다면 암호화폐의 가치는 누가 어떻게 결정할까?

암호화폐를 거래하다

결론부터 이야기하면, 암호화폐는 사겠다는 사람과 팔겠다는 사람 사이에서 가격이 결정된다. 다만 이 가격은 사고파는 사람이 동의한 것일 뿐 암호화폐가 가진 본래의 가치라고 볼 수는 없다. 암호화폐의 본질적인 가치를 평가할 객관적인 방법은 아직 없다. 다양한 가치 평가 방법이 개발되고 있지만, 대부분이 인정하는 방법을 찾지 못했다. 2008년 1월 미국의 한 신용 평가사에서 최초로 암호화폐 등급을 평가하려고 시도했다. 하지만 여기에서 비트코인이 다른 코인보다 낮은 C+보통 등급을 받아 큰 논란이 생기기도 했다.

비록 가치를 정확히 평가할 수는 없지만 앞으로 암호화폐가 더 널리 쓰이며 가치가 올라갈 것이라고 믿는 사람들이 있다. 이들은 암호화폐의 발전 가능성을 믿고 이를 가지려 한다. 이 사람들이 암호화폐를 얻는 방법은 두 가지이다. 직접 채굴해서 얻거나 암호화폐 거래소에 돈을 내고 사는 것이다.

현재 일반인이 자기 컴퓨터로 암호화폐를 채굴하기는 현실적으로 불가능하다. 채굴하기 위해 풀어야 하는 해시 퍼즐이 초창기보다 훨씬 어렵고, 채굴 경쟁도 치열하기 때문이다. 2020년 미국 기준으로 비트코인 1개를 채굴하는 데 드는 비용은 전문 채굴 장비 구입과 전기료를 포함하여 약 600만 원5,000달러에 이른다. 사실상 전문 채굴 장비를 가지고 조직적으로 운영하는 소수의

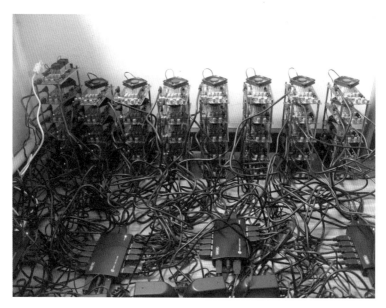

암호화폐를 채굴하려면 전문 채굴 장비가 필요하다. 전기료도 많이 들기 때문에 채굴로 벌어들이는 돈보다 채굴 비용이 더 많이 들기도 한다.

집단에서만 채굴을 할 수 있다.

암호화폐 거래소에서 암호화폐를 구매하는 방법은 쉽고 간단하다. 거래소는 암호화폐를 팔려는 사람과 사려는 사람 사이에 거래가 이루어지는 곳이다. 적당한 가격이라고 생각하면 마우스를 한 번만 클릭해도 암호화폐를 사고팔 수 있다. 그리고 거래소는 이렇게 거래를 중개한 대가로 정해진 수수료를 받는다.

암호화폐로 결제할 수 있는 매장이 아직 많지 않다. 따라서 암호화폐 거래소가 더 필요하다. 암호화폐를 사용하기 위해 현실의 돈인 법정화폐로 교환하는 장소가 필요한 것이다. 국내에는 20여 개의 거래소가 있으며 이곳에서 현실 세계의 돈과 가상 세계의 돈이 교환되고 있다. 법정화폐로 암호화폐를 사기 때문이다. 거래소는 마치 원화를 달러로 바꾸는 환전소 같은 역할을 한다.

그러나 거래소가 해결해야 할 문제점이 적지 않다. 해킹, 횡령, 조작 등 신뢰를 의심하게 하는 사건 사고가 자주 일어나기 때문이다. 거래소 해킹 사건의 원인은 대부분 거래소 시스템의 구조에 있다. 현재 많은 거래소가 블록체인이 아닌 중앙 집중 시스템을 기반으로 하고 있다. 중앙화를 벗어나려 하는 암호화폐를 거래하는 거래소가 정작 중앙 서버에 의존하고 있다는 사실이 모순적이다.

블록체인에 바탕을 둔 거래소가 아예 없지는 않다. 다만 법정화폐를 받지 않거나 거래가 많지 않고, 이용하기에 불편한 경우가 많다. 거래소의 해킹 사고를 예방하려면 보안 인증 절차를 강화해 나가며 궁극적으로는 탈중앙 거래소로 전환해야 한다.

거래소 내부인이 횡령과 조작을 하는 것도 문제다. 거래소를 운영하는 주체는 정부나 금융 기관이 아닌 사설

기업이다. 초기에는 암호화폐 거래소가 통신판매업으로 규정되어 있어 허가 없이 신고만 하면 누구나 열 수 있었다. 거래소 내부인이 횡령할 가능성이 높을 수밖에 없다.

2018년 공정거래위원회는 거래소가 통신판매업이 아니라고 규정했다. 그러나 이후 2년간 거래소의 성격을 정의하거나 이를 규제할 법률이 없어 소비자 피해를 구제하고 거래소를 처벌하기 힘들었다. 2020년 3월이 되자 거래소를 새로 개설하기 위해서 일정한 요건을 먼저 갖추고 금융위원회에 신고한 후에 영업할 수 있다는 특금법특정 금융거래정보의 보고 및 이용 등에 관한 법률 개정안이 국회를 통과했다. 2021년 3월부터는 이 법률을 따라야만 거래소를 새로 개설하고 운영할 수 있다.

암호화폐로 피자를 사 먹으려면

2010년 5월 22일, 최초로 암호화폐를 이용해 오프라인에서 결제한 사건이 일어났다. 미국에서 한 남자가 무려 비트코인 1만 개로 피자 2판을 주문한 것이다. 이 일은 암호화폐가 현금과 같은 지급 결제 수단으로 쓰일 수 있음을 증명했다. 이날은 '피자데이'로 불리며 암호화폐 업계에서는 의미 있는 날로 기념하고 있다.

비트코인 결제가 가능한 오프라인 매장은 어디에 있을까? 코인맵coinmap.org이라는 사이트를 확인하면 알 수 있다. 전 세계에 약 2만 개 매장이 있으며 우리나라에서는 200여 개 매장에서 비트코인을 쓸 수 있다. 지역으로 보면 서울에 가장 많다. 이용 고객이 적거나 주인이 바뀌어서 사용을 중단한 곳도 있다. 우리나라에서는 2013년 12월 인천의 프랜차이즈 빵집에서 첫 비트코인 거래가 이루어졌다. 이 매장은 국내 첫 번째 비트코인 가맹점이기도 하다.

어떤 업종에서 암호화폐를 사용할 수 있는지 들여다보면 흥미롭다. 장어를 파는 식당부터 학원, 병원, 부동산까지 다양하다. 실생활에서 자주 이용하는 업종이 여럿 포함된 점이 눈에 띈다. 충주 지역의 한 놀이공원에서 비트코인을 받은 사례도 있다.

2020년 3월 커피 전문점 스타벅스는 암호화폐인 '백트캐시'로 결제할 수 있는 옵션을 애플리케이션에 추가해 베타 서비스를 시작했다. 국내에서는 2019년부터 밀크파트너스가 사방에 흩

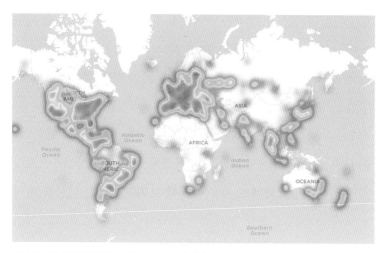

비트코인을 실제 사용할 수 있는 오프라인 매장은 전 세계에 있다.

어진 마일리지를 '밀크'라는 코인으로 통합하거나 현금으로 바꿀 수 있는 서비스를 운영하고 있다. 이 서비스에는 신세계 면세점을 비롯해 야놀자, 딜카 등 여행, 숙박, 이동 수단 분야의 협력사가 참여하며 분야를 넓혀 가고 있다.

카드나 현금은 지갑이나 주머니에서 꺼내 바로 쓸 수 있다. 그렇다면 실물이 없는 암호화폐는 어떻게 사용해야 할까? 오프라인 매장에서 암호화폐로 처음 결제해 보려는 A라는 인물을 따라가 보자. A는 암호화폐 거래소에 계좌가 있고 비트코인도 가지고 있다. A가 친구들과 함께하는 저녁 약속을 잡았다. 오늘은 암호화폐로 밥값을 계산할 생각이다. 우선 코인맵에 들어가 비트코인 가맹점을 찾는다. 꼼꼼한 A는 코인맵의 연락처를 보고 전화로 결제 가능 여부를 미리 확인한다. 매장에 도착하니 입구에 '비트코인 결제 가능' 스티커가 보인다. 친구들과 즐겁게 식사한다. 마침내 식사비 5만 원을 결제할 차례다. 거래소 애플리케이션을 연다. 암호화폐 보내기 버튼을 누른다. 보내기 화면에서 5만 원을 입력하자 시세에 따라 필요한 비트코인이 표시된다. 음식점 사장님의 QR코드를 스캔한다. 끝이다. 암호화폐를 이용한 결제 방식은 기존 송금 방식과 다르지 않다. 딱히 어려울 부분이 없다.

영국에서는 체크카드를 '긁듯이' 암호화폐 직불카드를 사용할 수 있다. 2019년 4월 암호화폐와 연결된 직불카드가 나왔기 때문이다. 해당 카드를 사용하면 암호화폐 시세에 따라 영국 돈인

파운드화로 환산되어 결제가 이루어진다. 게다가 이 카드가 있으면 인출기에서 현금을 인출할 수도 있다. 이처럼 암호화폐를 실생활에서 사용하려는 시도는 계속되고 있다.

북아메리카와 유럽에는 다른 대륙에 비해 암호화폐 등록 매장이 많다. 역시 코인맵 사이트에서 확인할 수 있다. 미국과 유럽의 많은 소매점에서 암호화폐 결제를 지원한다. 대신 이들은 암호화폐가 아닌 법정화폐로 입금되는 방식을 이용한다. 지급 결제를 대행하는 회사가 있기 때문이다. 고객이 결제한 암호화폐는 지급 결제 대행 회사로 보내진다. 회사는 이 금액에 해당하는 법정화폐를 판매자 계좌로 송금한다. 대표 격인 비트페이를 비롯해 여러 회사가 지급 결제를 대행하고 있다. 미국의 주요 통신사도 비트페이를 통한 암호화폐 결제 방식을 도입했다.

미국의 한 암호화폐 거래소는 가지고 있는 암호화폐를 오프라인 매장에서 일종의 상품권처럼 사용할 수 있게 만들었다. 기프트카드라 불리는 이 상품권은 나이키, 우버, 아마존 등에서 쓸 수 있다. 기프트카드 서비스는 2018년 영국, 스페인, 이탈리아, 네덜란드 등 유럽과 호주에서 먼저 제공되기 시작해 여러 나라로 서비스 대상 국가를 넓혀 가고 있다.

남아메리카에도 비트코인 사용 가능 매장이 꽤 많다. 아르헨티나처럼 자기 나라의 법정화폐에 대한 신뢰가 무너진 국가에서는 암호화폐를 더 선호하기도 한다.

정부는 암호화폐를 어떻게 생각할까?

블록체인은 제2의 인터넷이라 불리며 큰 기대를 받는 기술이다. 현재 인터넷 없이 살 수 없게 된 것처럼 앞으로 블록체인도 그 이상의 영향력을 가질 거라는 뜻이다. 하지만 블록체인에 기반을 둔 암호화폐를 대하는 정부의 태도는 나라마다 다르다. 암호화폐가 중앙은행이 발행하던 화폐 시스템의 반대편에 서 있기 때문이다. 당연히 이를 어떻게 받아들여야 할지에 대한 입장도 다르다.

암호화폐를 규제하는 정책은 주로 암호화폐 공개, ICO^{Initial Coin Offering}와 관련이 있다. ICO는 암호화폐 기업이 새로운 암호화폐를 개발하기 위해 자금을 모으는 절차를 뜻한다. 보통 암호화폐의 개발 목적, 참여자, 운영 방식 등을 담은 백서를 공개해 투자금을 모은다. 이를 통해 개발자는 암호화폐를 개발할 자금을 마련하고 투자자는 성장 가능성 있는 암호화폐에 투자해 수익을 얻는다.

비트코인 다음으로 유명한 암호화폐 이더리움은 ICO를 시작한 2013년에만 약 1,800만 달러를 모으며 초기 투자금 확보에 성공했고 2015년에 개발할 수 있었다. 이더리움 ICO 투자자 중에는 최대 12만 4,863퍼센트라는 경이로운 수익률을 얻은 이도 있다. 이 같은 사례 이후 ICO 시장이 커졌으나 문제는 '초대박'을 꿈꾸는 '묻지 마 투자자'를 노리는 사기도 늘었다는 점이다. 개발자나 기술력도 없이 백서의 내용만 그럴듯하게 과장해 투자금을 모은 뒤 사라져 버리는 사기가 많다.

많은 나라가 암호화폐 투자에 대한 위험성을 알리고 법을 위반하는 행위를 규제하고 있다. 보통 각 나라의 중앙은행이 암호화폐 투자의 위험성을 경고하는데 특히 '실제 화폐와 달라서 가치가 보장되지 않는다', '가격 변동 폭이 크다'라는 점을 강조한다.

암호화폐 관련 법을 위반하지 못하게 법률을 아예 새로 만들기도 한다. 호주와 캐나다는 암호화폐 거래 행위와 관련 기관을 자금 세탁과 반테러 금융법의 범위에 포함하는 법률을 제정했다.

중국과 러시아는 규제가 심한 편이다. 중국은 2013년 비트코인 거래를 중지했다. 이후 중국 정부는 2017년 ICO와 암호화폐 거래를 완전히 금지했다. 러시아는 2016년 비트코인을 대상으로 자금 세탁과 테러 자금 모집 방지에 관련한 감독을 진행했고 암호화폐 거래소 폐쇄 같은 강력한 규제를 해왔다. 하지만 이후 암호화폐 관련 법을 만들며 허용 범위 안에서 거래소와 ICO를 운영하도록 변하고 있다.

미국도 주마다 차이가 있지만 대체로 규제가 엄격한 편이다. 암호화폐 거래는 인정하고 있지만, 금융 상품으로 인정하는 문제나 ICO 허용에는 신중하다. 뉴욕에서는 비트라이센스라는 규제를 따라야 거래소를 운영할 수 있다. 미국 국세청은 암호화폐를 일반적인 상품으로 규정하고 소득세를 부과한다. 거래소 규제와 암호화폐의 제도권화 사이에서 균형을 잡으려는 시도로 보인다.

일본은 2017년부터 자금 결제법을 개정해 인가받은 거래소만 운영할 수 있게 했다. 그리고 해당 거래소는 자금 세탁 방지 의무를 비롯한 규제를 따라야 한다. 초기에는 암호화폐에 대해 소극적이었으나 2014년 당시 최대 규모의 거래소가 해킹당해 많은 피해자가 생겨나자 제도화하는 방향으로 나아가게 되었다.

싱가포르와 영국은 규제가 약한 편이다. 싱가포르는 중앙은행이 '암호화폐를 규제할 계획이 없다'라고 공식적으로 밝혔을 정도다. 덕분에 세계 2위의 ICO 진행 국가이기도 하다. 영국은 블록체인 기술 규제에 신중한 태도를 보인다. 블록체인 기술은 변화가 크기 때문이다. 그래서 암호화폐 사업자가 자율적으로 특정 요건을 만족시키면 금융 당국의 규제를 면제해 주는 제도를 시행하고 있다.

스위스와 에스토니아도 암호화폐에 대한 규제가 적은 나라다. 두 나라 역시 싱가포르처럼 ICO를 적극적으로 장려한다. 스위스는 추크라는 도시를 암호화폐 특별 구역으로 지정했다. 이 도시에서는 허가받지 않아도 암호화폐와 블록체인 사업을 추진할 수 있다. 에스토니아 정부 역시 암호화폐에 우호적이어서 블록체인과 암호화폐 관련 기업이 많이 진출하고 있다.

우리나라 정부는 2017년 9월에 ICO를 완전히 금지한다고 발표했다. 이후 12월에는 암호화폐가 금융 관련 법에서 다룰 대상이 아니라며 주관 부서를 법무부로 변경했다. 이때 거래소 폐쇄를 검토 중이라는 강한 규제 방침이 나오기도 했다. 하지만 이후 규제에 대한 명확한 입장을 표하지 않고 있다. 그러는 사이 암호화폐 거래소 스스로가 자신들을 규제할 수 있는 자율 규제안을 발표했고, 금융위원회가 마련한 암호화폐 관련 가이드라인이 발표되었다.

가이드라인과 자율 규제안은 법적 근거가 없으므로 효과가 적다. 암호화폐 시장을 건전한 방향으로 이끌고 투자자를 보호하기 위해서는 적절한 규제와 법제화가 필요하다는 것이 일반적인 의견이다. 암호화폐 관계자들은 특금법 개정안이 국회를 통과한 사실을 환영하고 이 법률이 업계에 가져올 긍정적인 변화를 기대하고 있다.

가장 유명한 암호화폐, 비트코인

비트코인은 암호화폐다. 이 문장에서 주어와 서술어를 바꾸어도 이상하지 않다. 비트코인이 암호화폐의 대명사처럼 알려졌기 때문이다. 비트코인 이전에도 암호화폐를 만들기 위한 시도가 있었다. 하지만 비트코인만큼 세상에 널리 알려지지 못했다. 현재 암호화폐 시장에 존재하는 암호화폐의 수는 5,000여 개에 이른다. 그중 비트코인이 차지하는 비율이 약 70퍼센트다. 단연 비트코인은 최초이자 최대의 암호화폐라고 할 수 있다.

비트코인은 은행이나 정부의 통제를 벗어난 화폐 시스템을 추구한다. 이를 위해 흩어져 있는 각 컴퓨터가 해시값을 계산하고 거래 장부인 블록을 만든다. 원한다면 세계 어디서나 비트코인 소프트웨어를 설치해 노드로 참여할 수 있으므로 개방적이다.

비트코인도 지갑이 필요하다

비트코인은 동전이나 지폐와 달리 물리적인 실체가 없다. 만질 수 없기 때문에 가상화폐라고 불리기도 한다. 하지만 만질 수는 없어도 이를 보관하기 위한 지갑은 있다. 이 지갑은 주소와 비밀키로 구성된다. 지갑의 주소는 은행의 계좌 번호와 같고 비밀키는 계좌의 비밀번호와 같다. 비트코인을 받으려면 상대에게 자기 주소를 알려 주어야 하지만 비밀키는 자신만 알고 있어야 한다. 다음은 어느 비트코인 지갑의 주소다.

1A1zP1eP5QGefi2DMPTfTL5SLmv7DivfNa

은행 계좌보다 복잡하다. 비트코인 지갑 주소는 보통 1이나 3으로 시작하며 26~35자리의 영문과 숫자로 구성된다. 주소는 무작위로 생성되며 길고 복잡한 조합 덕분에 중복 없이 거의 무한대로 만들어 낼 수 있다. 이 주소로 비트코인을 보내면 해당 지갑 주인이 비트코인을 받게 된다. 주소를 잘못 입력하면 엉뚱한 지갑으로 비트코인이 갈 수 있으니 주의해야 한다.

이 주소는 비트코인의 창시자 나카모토 사토시가 만든 최초의 비트코인 지갑 주소다. 사토시는 최초로 블록을 만들고 받은 비트코인 50개를 이 지갑에 보관하고 있다. 그는 2010년 말 이후 세상에 흔적을 드러낸 적이 없다. 비트코인을 판매하거나 보낸

비트코인 지갑에는 저마다 길고 복잡한 주소가 있다.

기록도 없다. 그런데 오히려 지갑 속 비트코인의 양은 미세하게 불어나는 중이다. 전 세계의 팬들이 사토시의 업적을 기리며 비트코인을 보내고 있기 때문이다. 현재 그의 지갑에는 약 68개의 비트코인이 보관되어 있고 이 글을 쓰는 며칠 사이에도 소수점 단위로 조금씩 늘어나는 중이다.

사실 비트코인 지갑은 암호화폐 거래소에 계정을 만들면 자동으로 생긴다. 그리고 거래소에서 구매한 암호화폐는 해당 거래소 지갑에 보관된다. 그래도 전용 지갑이 따로 필요하다. 암호화폐를 안전하게 보관하기 위해서다. 앞에서 이야기했듯 현재 암호화폐 거래소 대부분이 블록체인 기반이 아니라 중앙 집중 방식으로 돌아간다. 따라서 작은 규모의 거래소는 물론이고 세계의 주요 거래소조차 해킹 공격을 받은 적이 있다. 각 거래소에서 보안을 강화하고 있지만, 거래 장부를 보관한 중앙 서버가 해킹당할 위협이 여전히 남아 있다.

거래소 내부의 문제도 고려해야 한다. 거래소의 안전성을 완전히 신뢰하기 어렵기 때문이다. 일부 거래소가 문을 닫거나 내부자에 의한 조작이 의심되는 사건이 발생한 적 있었다. 2018년 과학기술정보통신부가 거래소 보안 수준을 진단했다. 그 결과 대부분의 거

비트코인 지갑 확인하기

bitcoinwhoswho.com에서 비트코인 지갑 주소를 입력하면 비트코인 지갑의 잔액과 거래 정보를 확인할 수 있다.

래소가 암호화폐 지갑 관리 부분에서 여전히 취약점이 있고 아직 개선이 충분히 이루어지지 않아서 이용자의 주의가 필요하다고 권고했다. 암호화폐가 생긴 지 10년이 지났지만 아직 이 분야는 시작 단계고 변화의 여지가 많다. 암호화폐와 거래소에 관한 법률과 규제가 완성되지 않았기 때문이다. 따라서 지금은 거래소 지갑에 암호화폐를 보관하는 것이 안전하지 않다. 해킹과 거래소의 불안 요소로부터 위험을 피하려면 본인 지갑을 따로 만들어 철저하게 관리하는 것이 좋다.

베일에 싸인 비트코인 창시자

비트코인 창시자 나카모토 사토시의 정체를 궁금해 하는 사람이 많다. 사토시로 추정되는 인물은 몇 있었지만 모두 확실한 증거가 없었다. 그가 세상에 공식적으로 남긴 흔적은 온라인 커뮤니티 게시물과 이메일뿐이다. 게다가 위치 추적이 어려운 브라우저로 활동했기 때문에 신원 확인이 불가능하다.

 1975년 4월 5일 출생에 거주지는 일본. 그가 활동하던 암호화 기술 커뮤니티에 남긴 신상 정보다. 이 내용이 맞다면 사토시는 2020년 기준으로 40대 중반의 일본인이다. 하지만 정보가 진짜인지 확인할 방법이 없다. 그가 남긴 글은 능숙한 영국식 영어가 대부분이고 미국식 표현이 조금씩 섞여 있다. 이를 통해 사토시가 한 명이 아니라 여러 사람이 모인 집단이며 이름도 가명일 것이라고 추정하기도 한다. 덧붙여 사토시는 관련 논문 발표 후 상당히 짧은 기간에 비트코인 소프트웨어를 작성 완료했다. 방대한 내용의 비트코인 코드를 단기간에 혼자서 작성하기란 매우 어려운 일이다. 이 점 역시 사토시가 개인이 아니라 프로그래밍 전문가 집단일 것으로 의심하는 이유 중 하나다.

사토시는 2008년 10월 31일 비트코인에 관한 논문을 프로그래머들에게 이메일로 보냈다. <비트코인 : 개인 대 개인의 전자화폐 시스템Bitcoin : A Peer-to-Peer Electronic Cash System>이라는 제목의 9쪽짜리 논문으로, 중개 기관 없이 개인끼리 송금할 수 있는 비트코인의 작동 원리를 설명하는 내용이다.

지금은 세계적으로 많은 사람의 관심을 받는 비트코인이지만 시작은 매우 초라했다. 메일을 받은 사람의 대부분은 관심이 없었고 아주 적은 수의 사람만 답장을 보냈다. 답장 중에도 '그게 되겠어요?'라는 식의 회의적인 질문을 담은 내용이 적지 않았다. 하지만 보안 프로그램 개발자 할 피니는 이 논문에 적극적인 관심을 보인다. 그는 이후 최초로 비트코인을 전송받은 사람이자 2번째 비트코인 노드가 되어 비트코인의 '출항'에 기여한다.

2009년 1월 3일 18시 15분, 사토시가 비트코인 최초의 블록을 생성했다. 보상으로 지급된 50개의 비트코인은 당연히 창시자인 사토시에게 주어졌다. 그는 이 블록에 '2009년 1월 3일, 두 번째 은행 구제 방안 발표가 다가옴'이라는 메시지를 남겼다. 이를 두고 서로 다른 해석이 있다. '당시 신문의 머리기사 하나를 별 뜻 없이 적은 것이다'라는 의견과 '비트코인이 기존 금융 시스템의 문제를 해결하겠다는 뜻의 의미심장한 표현이다'라는 의견이다.

보낼 수 있는 비트코인이 생성되었으니 받아 줄 상대가 있어야 한다. 이를 위해 비트코인 네트워크에 사토시 말고 다른 참여자가 필요했다. 사토시는 비트코인 블록이 생성되었음을 알리는 메일을 다시 보냈고, 할 피니가 그 메일에 응답했다. 이로써 할 피니는 사토시에게 10비트코인을 받은 최초의 비트코인 거래자가 된다. 할 피니는 나카모토 사토시와 함께 비트코인 소프트웨어의 오류를 수정해 나가며 비트코인이 정상적으로 작동하도록 돕는다. 이후 프로그래머들과 암호화폐에 관심이 있는 이들을 중심으로 비트코인 노드가 늘어나기 시작한다. 비트코인의 가격이 큰 폭으로 오르자, 사기 또는 투기 수단이라는 비난과 논란이 일기도 했다. 가격 폭등과 투자자 증가, 이를 둘러싼 실제 가치에 대한 논란은 꾸준히 반복되며 비트코인이 세계적으로 알려지는 계기가 되었다.

하지만 정작 그 창시자인 나카모토 사토시는 2010년 마지막 글을 남긴 후 사라졌다. 현재까지 진행된 '사토시 찾기'는 모두 성공하지 못했다. 사토시로 지목된 사람은 자신이 아니라고 부인했고, 반대로 스스로 사토시라고 주장한 사람은 결정적인 증거를 제시하지 못했다. 진짜 사토시 찾기는 아직 진행 중인 셈이다.

비트코인의 한계와 문제점

초창기 비트코인 블록체인은 블록 1개에 최대 1MB의 데이터만 저장했다. 이는 스마트폰으로 찍은 사진 1장보다 작은 용량이다. 10분마다 평균 1개의 블록이 생성되므로 10분 동안 1MB라는 작은 데이터만 처리할 수 있다. 저장 용량의 한계 때문에 1초에 겨우 7건 정도의 거래만 가능했다.비트코인은 2017년 업데이트 이후에야 초당 수십 개의 거래를 처리할 수 있게 되었다.

이런 속도 문제는 물건을 택배로 배송하는 상황을 떠올리면 쉽게 이해할 수 있다. 블록이라는 상자가 있다. 이 상자에 담을 거래 내역이라는 상품이 있다. 이 상품은 상자에 담겨 배송된다. 여기에 조건이 하나 있다. 상자 안에 상품을 채운 지 10분이 지나야 뚜껑을 닫고 받는 사람에게 전달할 수 있다. 상품은 계속해서 생산된다. 그런데 상자의 크기가 작으니 10분 동안 담을 수 있는 양이 매우 적다. 상자에 못 담은 상품은 10분 뒤에 새로운 상자가 완성될 때까지 기다려야 한다. 배송할 상품이 계속 만들어지므로 상자에 담지 못하는 상품이 쌓이고, 배송도 늦어진다.

비트코인의 느린 거래 처리 속도는 비트코인 거래가 늘어날수록 심각한 문제가 되었다. 처리를 기다리는 거래 내역이 점점 더 많아졌기 때문이다. 단적인 예로 비자카드 네트워크는 1초에 6만 5,000건을 처리할 수 있다. 처리 속도로 보면 비트코인은 비자카드에 상대가 되지 않는다.

2016년에는 거래량이 가파르게 증가하며 승인되지 않은 거래 내역이 20만 건을 넘어서기도 했다. 거래 발생 후 몇 시간이 흘러도 결제가 완료되지 않는 문제가 자주 생겼고, 조금이라도 빨리 거래가 승인되기를 바라는 사용자는 높은 수수료를 지급해야 했다. 블록 용량의 제약 때문에 1초에 처리할 수 있는 거래량의 한계가 있으니 답답한 사용자는 높은 수수료라도 물어서 먼저 처리해야 하는 상황으로 이어진 것이다.

한 번에 더 많은 상품을 보내려면 상자의 크기를 늘리는 것만큼 간단한 해결책이 또 있을까? 실제로 비트코인 공식 지갑을 개발한 사람들은 블록의 크기를 늘려 이 문제를 해결하려 했다. 새로운 버전의 비트코인 소프트웨어는 블록 크기를 8MB까지 늘리고 주기적으로 2배씩 키워 나가도록 설계하고 개발했다. 그런데 여기서 또 다른 문제점이 불거졌다. 모든 사용자가 새로운 지갑 소프트웨어를 사용하도록 설득해야 하는 것이다.

이는 새로운 소프트웨어를 개발하는 일과는 전혀 다른 차원의 문제다. 새 버전의 소프트웨어를 사용하는 노드가 일부 생겨나면 이들이 생산한 블록의 크기가 이전 버전과 달라 문제가 된다. 이전 버전을 사용하는 노드들은 새 버전에서 생성된 내용을 읽을 수 없기 때문이다. 그래서 이전 버전을 쓰는 노드들끼리만 블록을 읽고 검증하며 블록을 생성해 나간다. 이는 새 버전을 사용하는 노드들도 마찬가지다. '그들만의 리그', 즉 서로 다른 2개의 블록체인이 만들어지는 것이다.

이렇게 서로 호환되지 않는 다른 블록체인이 만들어지는 상황을 '포크'라고 부른다. 포크는 프로그램을 개발하는 과정에서 이전 버전과 호환되지 않는 새 버전이 개발되어 버전이 2개로 나누어지는 상황을 뜻하는 말이다.

이 문제를 해결하기 위해서는 모두가 같은 버전의 소프트웨어를 사용해야 한다. 하지만 참여한 모든 노드의 동의를 얻는 일은 매우 어렵다. 사실 탈중앙화, 분산화라는 블록체인의 특성 탓에 생기는 문제이기도 하다. 블록체인은 의사를 결정할 중앙 기관이 없다. 누구도 다른 사람이 특정 소프트웨어를 쓰도록 강제할 권한이 없다는 뜻이다. 모든 참여자가 동등한 의사 결정권을 갖기 때문에 개발자와 채굴자 모두가 동의해야 문제를 개선할 수 있다. 거부 의견이 아무리 소수일지라도 그냥 무시할 수가 없다. 이 때문에 블록체인 네트워크에 참여한 노드 사이에 합의를 끌어내지 못하면 블록체인이 분리되는 상황에 부닥칠 수 있다. 실제로 2017년 8월 비트코인 네트워크가 합의에 이르지 못한 사례가 있었다. 이 과정에서 비트코인은 기존의 비트코인과 새로운 비트코인캐시라는 2개의 블록체인으로 분리되었다.

암호화폐의 근간인 블록체인 네트워크에서는 합의를 통한 의사 결정 과정이 매우 중요하다. 그런데 비트코인은 이러한 의사 결정을 위한 명확한 기준이나 절차가 불분명해 중요 문제를 개선하기 위한 과정이 더디고 효율적이지 못하다는 지적을 받는다. 공동체 구성원이 중요한 문제를 함께 결정하는 방식을 거버넌스라고 부르는데, 비트코인의 문제점을 '거버넌스가 없다'고 표현하기도 한다.

새로운 암호화폐가 쏟아진다

비트코인 이후에 수많은 암호화폐가 등장했다. 비트코인은 처음부터 총발행량을 2,100만 개로 한정해 뒤로 갈수록 발행량이 줄어들도록 설계되었다. 그러나 비트코인 시세가 급등하며 시장에서 암호화폐의 수요가 늘어났다. 사려는 사람이 있으면 그에 맞춰 팔려는 사람도 생기기 마련이다. 풍부한 수요는 새로운 암호화폐가 등장하는 주된 배경이 되었다.

비트코인의 소스 코드가 공개되어 있다는 점도 암호화폐가 늘어난 이유라고 할 수 있다. 나카모토 사토시가 인터넷에 공개한 비트코인 소스 코드는 누구나 인터넷에서 최신 버전을 내려받을 수 있다. 덕분에 개발자들은 기존 소스 코드를 바탕으로 내용을 추가하거나 수정해 비교적 수월하게 새 암호화폐를 만들었다.

비트코인 이후에 만들어진 암호화폐들은 제각각 비트코인의 문제점을 개선하거나 새로운 분야에 적용하는 것을 목표로 제시한다. 그래서 비트코인을 대체하는alternative 암호화폐라는 의미로 알트코인Altcoin, Alternative Coin이라고 부른다.

수많은 알트코인을 어떻게 나눌까

알트코인이 점차 많아져 수천 개에 이르고 있다. 이렇게 다양한 암호화폐를 구분하는 기준 중 하나로 블록체인의 의사 결정 방식을 들 수 있다. 의사 결정 과정은 블록체인의 성능을 결정하는 중요한 요소다. 앞에서 이야기했듯 비트코인은 비효율적인 의사 결정 방식 때문에 중요한 속도 개선 문제를 빠르게 처리하지 못했다.

노드들이 의사 결정에 이르는 과정을 '합의'라고 부른다. 블록체인은 누구나 블록을 만들 수 있으므로 그 기록이 믿을 만한지 검증해야 한다. 또한, 전 세계에 분포한 노드는 네트워크의 전송 속도 처리에 따라 일시적으로 서로 다른 블록체인 정보를 보유할 수 있다. 이 경우에도 어떤 노드의 정보가 옳은 정보인지 판단하기 위한 절차가 필요하다. 그런데 탈중앙이 특징인 블록체인에는 최종 판단을 내려줄 기관이 없다. 모든 참여자가 평등한 위치에서 의사 결정을 한다. 그래서 노드 사이의 합의가 중요하다.

암호화폐마다 사용하는 합의 방식이 몇 가지 있다. 비트코인의 합의 방식은 '작업 증명'이라고 부른다. 비트코인 블록체인에서 각 노드는 해시값을 찾기 위한 계산 작업에 돌입한다. 이 경쟁에서 1등으로 해시값을 찾은 노드만 블록을 만들 수 있다. 다른 노드는 구한 값을 검증하고 승인한다. 이후 비로소 블록에 거래 내역이 저장된다. 이렇게 해시값 찾기 계산부터 블록을 만들기까지의 과정을 '작업'이라고 한다. 이렇게 모든 노드가 '작업 과정에 이상이 없다'라고 증명하는 합의 방식이 작업 증명이다.

이 방식은 모든 노드의 승인을 받아야 하므로 거래를 조작하기 어렵고 탈중앙화, 분산화라는 이상을 잘 구현했다. 하지만 모두의 승인을 거치느라 거래 처리 속도가 늦어진다. 게다가 해시값 계산 과정에서 많은 양의 전기와 컴퓨터 자원을 소모한다.

'지분 증명'은 작업 증명의 단점을 개선한 합의 방식이다. 이 방식은 암호화폐를 더 많이 가진 노드에 더 많은 블록을 만들 기회를 준다. 블록 생성에 따른 보상도 화폐 보유량에 비례한다. 주식회사와 비슷하다. 주식회사는 회사 운영에 대한 권리를 주식이라는 이름으로 잘게 쪼갠 뒤 여러 사람이 나누어 갖는다. 각자 가지고 있는 주식의 양을 지분이라 하며, 더 많은 주식을 가진 사람이 회사 운영에 더 큰 결정 권한을 갖는다. 반대로 지분이 적은 사람은 회사의 결정에 거의 영향을 미칠 수 없다.

마찬가지로, 지분 증명 방식은 암호화폐를 많이 가진 노드만 블록을 만들고 승인할 수 있다. 따라서 작업 증명 방식보다 거래 처리 속도가 빠르다. 모든 노드가 해시값 찾기 경쟁을 할 필요도 없으니 자원 소모 문제도 개선된다. 하지만 지분 증명 방식은 모두가 동등한 자격을 갖는다는 블록체인의 취지와 거리가 멀다는 비판을 받기도 한다.

암호화폐를 세대별로 구분하기도 한다. 이 방식은 블록체인을 기준으로 다른 암호화폐를 구분한다. 1세대 암호화폐에는 당연히 비트코인이 있다. 시장에서 차지하는 비중이 가장 높고 암호화폐를 대표하는 상징성 때문에 비트코인이 대표적인 1세대 암호화폐라는 점에 이견이 없다.

2세대 암호화폐의 대표는 이더리움이다. 이더리움은 비트코인이 보여 준 화폐 기능에 스마트 계약 기능을 추가했다. 스마트 계약은 제삼자의 중개 없이 거래 당사자들이 미리 약속된 조건을 충족하면 자동으로 계약이 완료되는 기술이다. 덕분에 개발자들은 이더리움 블록체인에서 실행되는 응용 프로그램을 만들 수 있다. 이더리움은 단순한 화폐를 넘어서 다양한 분야에서 활용될 가능성을 보여 주며 블록체인 2.0 시대의 시작을 알렸다.

이더리움의 등장 이후 이더리움의 문제점을 개선했다고 주장하는 다양한 암호화폐가 속속 등장했다. 하지만 이들 암호화폐를 3세대라고 구분할지에 대해서는 의견이 갈린다. 단순히 이더리움의 업그레이드 버전이라고 보는 시각도 있다.

2세대 암호화폐, 이더리움

이더리움에는 '블록체인 2.0 시대의 시작', '2세대 암호화폐'라는 수식어가 붙는다. 실제로 이더리움은 알트코인을 대표하는 암호화폐이자 비트코인을 기반으로 만든 가장 대표적인 암호화폐다. 그러나 사실 이더리움은 화폐가 아니다. 이더리움은 지급 결제 수단으로 사용되며 다른 분야에 응용할 수 있도록 설계된 플랫폼이다. 이더리움 세상에 사용되는 암호화폐는 '이더'라고 부른다. 이더리움이라는 플랫폼은 여러 가지 형태로 활용 가능한 땅과 같아 그 위에 어떤 용도의 건물이든 지을 수 있다.

이더리움이 1세대 암호화폐보다 혁신적이라고 평가받는 이유는 앞에서 이야기했던 스마트 계약 덕분이다. 스마트 계약은 블록체인 네트워크에서 작동하는 프로그램이다. 개발자는 스마트 계약을 통해 이더리움 플랫폼 위에서 작동하는 다양한 프로그램을 만들 수 있다. 특히 계약서 내용을 프로그래밍해 자동화할 수 있다는 점이 혁신적이다. 프로그램으로 작성된 계약서는 블록체인에 업로드되어 그 조건이 충족되었을 때 자동으로 실행된다. 중개자 없이 계약이 이루어지므로 중개 수수료가 필요 없고 효율적이다. 블록체인에 바탕을 뒀기 때문에 계약 조건과 실행 과정 또한 신뢰할 수 있다.

이더리움을 활용해서 어떻게 계약하는지 살펴보자. 여기 집주인 A와 집을 빌려 쓸 세입자 B가 있다. A와 B는 이더리움 블록체인으로 거래를 진행하며 집세는 이더로 지불한다. A가 세놓는 집은 열쇠 대신 도어록 비밀번호로 출입한다. 두 사람의 스마트 계약은 다음 순서에 따라 자동으로 진행된다.

1. 세입자 B는 집세를 이더리움 블록체인을 통해 전송한다.

2. 집주인 A는 현관의 비밀번호를 지정한 시간까지 제출해야 한다.

3-1. 현관 비밀번호가 제때 도착한다면, 스마트 계약은 집세를 A에게 보내고 B에게는 현관 비밀번호를 알려 준다.

3-2. 현관 비밀번호가 정해진 시간까지 도착하지 않으면, 스마트 계약은 집세를 B에게 환불한다.

개발자가 작성한 스마트 계약은 이더리움에 업로드되어 실행된다. 스마트 계약을 구현한 프로그램 코드는 블록에 저장되며 이전 블록들과 연결된다. 이 블록체인은 참여하는 노드들에 분산 저장된다. 수많은 노드에 저장된 내용을 한꺼번에 조작할 수 없으므로 스마트 계약을 신뢰할 수 있다. 현실에서는 계약을 맺고 그 내용을 이행하는지 보장하기 위한 제3의 인물이 필요하다. 집을 계약하려면 부동산 중개자가 필요하며 중개 수수료도 지급해야 한다. 하지만 스마트 계약을 이용하면 수수료도 낼 필요 없고 조건을 만족하면 자동으로 계약이 실행되므로 효율적이다.

이더리움에서 스마트 계약과 같은 프로그램이 작동할 수 있는 것은 블록을 기록하는 방식이 비트코인과 다르기 때문이다. 이더리움은 블록 안에 거래 기록 말고도 프로그램 코드를 저장할 수 있다. 덕분에 작성한 프로그램에 따라 다양한 분야에 활용 가능하다. 사실상 프로그램으로 작성 가능한 모든 분야에 적용할 수 있다.

즉 이더리움은 '프로그래밍 가능한 블록체인'이다. 이더리움 플랫폼을 이용하면 계약과 투표를 비롯해 다양한 서비스를 제공하는 애플리케이션을 만들 수 있다. 애플리케이션에서 다루는 데이터는 이더리움 블록체인에 기록된다. 따라서 데이터는 중앙에 있는 서버 컴퓨터가 아닌 전 세계에 흩어진 참여자 컴퓨터에 기록하거나 읽어 온다. 그래서 탈중앙화, 분산화된 애플리케이션이라는 의미로 디앱DApp, Decentralized Application이라고 부른다.

스마트 계약 역시 이더리움 블록체인에서 작동하도록 만들어진 디앱이다. 스마트 계약이라는 명칭처럼 계약을 자동화하는 일은 디앱의 주된 활용 사례다. 그 밖에도 종류는 다양하다. 금융과 법률을 포함해 게임, 의료, 교육 분야의 디앱이 개발되어 있으며, 지금도 많은 개발자가 이더리움에서 작동하는 디앱을 개발하고 있다.stateofthedapps.com에 방문하면 현재 개발된 디앱과 순위를 확인할 수 있다.

이더리움의 창시자인 비탈릭 부테린은 다음과 같이 포부를 밝혔다. "암호학적으로 안전하고, 탈중앙화된 소프트웨어 개발을 지원하는 월드 컴퓨터가 되겠다." 그의 말처럼 이더리움이 플랫폼으로서 훌륭한 성능을 보여 준다면 더 많은 개발자가 모여 좋은 디앱을 확보할 수 있을 것이다. 그리고 이 디앱을 이용하려는 사용자들이 모여든다면 이더리움 생태계는 활성화될 것이다.

다만 이더리움도 거래 처리 속도와 전력 소모 문제는 골칫거리다. 비트코인의 작업 증명 방식을 그대로 따랐기 때문이다. 이더리움은 이 문제를 개선하기 위해 오랜 기간에 걸쳐 지분 증명 방식으로 전환하고 있다. 이더리움이 다른 암호화폐와 차별화된 플랫폼으로 남게 될지는 시간을 두고 지켜보면 좋겠다.

속도를 빠르게 한 라이트코인

라이트코인은 거래 처리 속도가 느린 비트코인의 문제를 해결하고자 등장했다. 2011년 당시 구글의 소프트웨어 엔지니어였던 찰리 리가 만들었다. 그는 비트코인의 속도 문제와 불공정한 화폐 발행 방식을 개선하기 위해 새로운 암호화폐 개발에 나섰다고 말한다. 여기서 불공정한 발행이란 암호화폐의 창시자가 먼저 많은 화폐를 채굴한 뒤에야 시장에 공개하는 방식을 가리킨다. 암호화폐 가치가 상승할 경우 창시자는 미리 보유한 화폐를 통해 막대한 수익을 가져가게 된다. 찰리 리는 이러한 발행 방식이 공정하지 못하다고 보았다.

2011년 10월, 찰리 리가 라이트코인을 선보였다. 그는 라이트코인이 정상적으로 작동하는지 시험하기 위해 세 번째 블록까지만 자신이 혼자 채굴했다. 이후 블록부터는 창시자도 다른 노드와 동등한 자격으로 채굴에 참여하기 시작했다. 자신이 주장한 공정한 화폐 발행을 실천한 것으로 읽힌다. 초창기에 수량이 부족하면 가격이 오를 수 있다. 이를 막기 위해 라이트코인의 총발행량을 비트코인의 4배로 정했다.

라이트코인 역시 비트코인 소스 코드를 기반으로 개발되었다. 따라서 기술적으로 유사하지만 몇 가지 차별화되는 특징이 있다. 우선 비트코인보다 거래 처리 속도가 빠르다. 비트코인이 10분당 1개의 블록을 생성하는 데 반해 라이트코인은 2분 30초마다 블록을 생성하므로 거래를 처리하는 속도가 4배 정도 빠르다.

또한 비트코인은 블록의 저장 용량 때문에 거래 처리 속도가 늦어졌고, 공동체의 합의라는 문제를 겪었다. 라이트코인은 다른 관점에서 이 문제의 해결책을 찾는다. 블록의 크기를 키우지 않고 블록 안에 담는 양을 줄이는 것이다. 블록체인과 구분된 다른 네트워크를 이용해 블록에 담을 거래 내역 데이터를 줄였다. 이렇게 블록에 담을 내용을 가볍게 줄이는 기술을 라이트닝 네트워크lighting network라고 부른다.

비트코인 블록체인은 네트워크에 발생한 모든 거래 내역을 블록에 담아 검증한 뒤 체인에 연결한다. 이 방식은 거래를 검증하고 승인하는 데 오랜 시간이 걸린다. 반면에 라이트닝 네트워크는 발생한 모든 내역을 블록체인에 기록하는 대신, 참여자들의 동의를 얻어 블록체인 바깥의 네트워크에 기록한다. 이후 기록된 모든 거래 내역을 종합해 최종 결과만 블록체인에 남긴다. 블록체인을 벗어난 다른 네트워크에서 거래를 처리하므로 이런 방식을 오프체인off-chain 거래라고 부른다. 오프체인 거래는 검증 과정이 필요 없다. 바로 거래가 이루어지므로 속도가 당연히 빠르다. 검증 절차가 없으니 수수료를 낼 필요도 없다. 빠른 속도와 저렴한 수수료라는 장점 덕분에 라이트코인은 소액 거래에도 유용하게 사용할 수 있다.

비트코인을 흔히 암호화폐 분야의 금이라고 부른다. 그러나 가게에서 물건을 사고 금을 내미는 사람은 없다. 비트코인의 속도와 수수료 문제가 개선되지 않는 한 비트코인을 실생활에서 결제 수단으로 쓰는 일은 마치 물건값으로 금을 내미는 일만큼 효율적이지 못하다. 편의점에서 물건값을 지급하기 위해 몇 시간을 기다린다거나 물건값보다 비싼 수수료를 내고 싶은 사람은 없기 때문이다.

라이트코인은 실생활에 활용할 결제 수단이 되는 것이 목표다. 라이트코인의 꿈은 빠른 거래 처리 속도와 저렴한 수수료를 무기로 암호화폐 세상의 은이 되는 것이라고 한다. 실제로 라이트코인의 상징 아이콘 역시 은화를 연상시키는 은색 동그라미다.

이더리움 킬러, 이오스

이오스는 이더리움의 문제점을 개선했다고 강조하며 세상에 등장했다. 이오스도 디앱을 네트워크에 올려 구동시킬 수 있으며 스마트 계약을 실행하는 플랫폼이다. 반면에 이오스는 몇 가지 요소에서 이더리움과의 차별화를 노린다.

먼저 이오스는 이더리움보다 거래 처리 속도가 빠르다. 현재 이더리움 플랫폼에는 2,600여 개의 디앱이 운영되고 있다. 가장 많은 디앱을 보유한 셈이다. 디앱이 원활하게 작동하려면 그 기반인 플랫폼이 안정적이고 빠른 처리 능력을 보유해야 한다. 이더리움은 초창기 1초당 평균 20개의 거래를 처리할 수 있었다.¹초당 처리 가능 거래량은 블록체인의 속도에 관한 참고자료로 자주 활용된다. 하지만 늘어난 디앱을 구동시키느라 점점 처리 속도가 느려졌다. 디앱이 늘어날수록 이더리움의 속도 문제는 더 심각해질 것이라는 지적이 나오고 있다.

반면 이오스는 이더리움보다 훨씬 빠르다. 이론적으로 1초에 약 4,000개의 거래를 처리할 수 있다. 처리 속도가 빠른 것은 거래를 검증하고 블록을 기록하는 데 쓰이는 합의 방식이 다르기 때문이다.

이오스의 경우 대표로 선출한 21개의 노드만이 블록을 만들 수 있고 검증에 참여한다. 이 방식은 대표에게 권한을 넘겨주는, 즉 위임하는 방식이므로 '위임 지분 증명'이라고 부른다. 21개의 노드끼리만 블록을 전달하므로 승인과 합의에 이르는 시간이 단축되고, 그 결과로 거래 처리 속도가 빨라진다.

21명의 대표는 이오스를 가진 사람들이 직접 투표해 뽑기 때문에 민주적이라고 할 수 있다. 선출된 21명의 대표는 블록 생산자라고 불리며 이오스 보유자를 대표해 블록체인의 운영에 관한 사항을 결정한다. 블록 생산자를 뽑기 위한 투표는 거의 실시간으로 결과가 집계된다. 이오스 보유자는 언제든 특정 후보에게 투표할 수 있다. 투표 시스템은 2분 6초마다 투표 결과를 계산해 반영한다. 따라서 기존 21명의 블록 생산자 중에서도 탈락자가 나오고 새로운 후보가 대표로 뽑힐 수 있다.

이오스의 또 다른 장점은 거래 수수료가 없다는 점이다. 이더리움에서는 거래가 실행될 때마다 사용자가 수수료를 지급해야 한다. 그리고 높은 수수료를 제시한 거래를 우선 처리한다. '목마른 사람이 우물을 파는' 것처럼 빠른 처리를 원하는 사용자는 더 많은 수수료를 내야 하는 구조다.

반면에 이오스 사용자는 수수료 부담 없이 자유롭게 거래할 수 있다. SNS에 게시물을 보낼 때마다 수수료를 내야 한다면 이를 달가워할 사용자가 없을 것이다. 따라서 이오스의 수수료 정책은 이오스 플랫폼을 활성화하는 효과를 가져올 수 있다. 사용자는 수수료 걱정 없이 디앱을 자유롭게 사용할 수 있고 이오스는 이 사용자를 확보한다. 개발자는 많은 고객을 대상으로 상품을 개발하고자 하므로 사용자층이 두꺼운 이오스에는 새로 개발된 디앱도 늘어나게 된다. '사용자 확보 → 새로운 디앱 개발 → 또 다른 사용자 확보'라는 선순환이 반복되어 이오스 생태계는 지속해서 활성화될 수 있다.

이오스에 수수료가 아예 없는 것은 아니다. 사용자 대신 디앱 개발자가 수수료를 부담한다. 대신 이오스는 더 많은 수수료를 낸 디앱 개발자에게 더 많은 사용권을 준다. 수수료를 낸 만큼 더 많은 컴퓨터 자원을 쓸 수 있게 하는 것이다. 또한 수수료는 이오스로 지급하므로 디앱 개발자는 필요한 이오스만 남기고 나머지는 다시 돌려받을 수도 있다. 개발자에게도 유연하고 합리적인 수수료 정책이다.

이오스의 창시자는 대니얼 라리머, 흔히 댄 라리머라고 불리는 사람이다. 라리머는 이오스를 개발하기 전 비트쉐어와 스팀이라는 블록체인을 개발하고 성공적으로 운영한 경력이 있다. 이더리움의 창시자인 비탈릭 부테린 못지않은 인지도를 가진 인물이다. 이오스에 적용된 위임 지분 증명 방식은 댄 라리머가 2014년 개발한 비트쉐어에 먼저 적용했다.

그러나 거래 처리 속도를 높이기 위해 고안된 이 합의 방식 역시 보완이 필요하다. 먼저 21명의 블록 생산자가 정책을 결정하는 방식이 민주적일지에 대한 우려다. 만일 이들이 자기 이익을 위해 부당한 결정을 묵인하고 통과시킬 경우 탈중앙화라는 블록체인의 가치를 실현하기 어렵다는 지적이다. 실제로 2018년에는 블록 생산자 자격을 유지하기 위해 대표 노드의 일부가 서로에게 투표했다는 의혹이 일기도 했다. 그리고 21명의 대표 노드가 공개될 경우 이들에게 해커의 공격이 집중될 수 있어 분산화를 통한 보안을 장담하기 어렵다는 우려도 있다.

진로찾기 **블록체인 개발자**

블록체인 개발자는 코어 블록체인 개발자와 블록체인 소프트웨어 개발자로 나눌 수 있다. 코어 블록체인과 블록체인 소프트웨어의 관계는 스마트폰 운영 체제와 애플리케이션의 관계와 비슷하다. 스마트폰의 운영 체제는 애플의 iOS, 구글의 안드로이드를 말한다. 이 운영 체제는 스마트폰을 사용할 수 있게 하드웨어와 애플리케이션을 관리하고 작동시킨다. 애플리케이션은 운영 체제가 제공하는 환경을 이용해 촬영, 게임, SNS, 웹 서핑 등을 가능하게 한다. 이 관계를 블록체인 개발에 대입해 말하자면, 코어 블록체인은 스마트폰 운영 체제고, 블록체인 소프트웨어는 애플리케이션이다. 코어 블록체인 개발자는 전체 시스템을 만들고 관리하며, 블록체인 소프트웨어 개발자는 전체 시스템 안에서 돌아가는 프로그램을 개발한다.

블록체인의 응용 가능성과 기술적 가치가 높게 평가되고 있다. 대기업과 정부 기관을 중심으로 블록체인 도입과 활용을 위한 다양한 시도와 투자도 이루어지고 있다. 처음에는 금융과 거래 서비스 분야로 치중되었지만 지금은 정보 산업, 제조, 유통, 사회, 문화 등 다양한 분야에서 활용되고 있다. 발전 가능성이 열려 있다는 점도 장점이다.

이를 반영하듯 블록체인 개발자에 대한 수요가 꾸준히 증가하고 있다. 국내 소프트웨어 업계에서 가장 많은 일자리를 차지했던 웹 개발자들이 최근 블록체인 개발에 적극적으로 뛰어들고 있다는 점도 주목할 만하다.참고로 국내 소프트웨어 업계에서 인력 수요가 많은 분야를 나열하면 웹, 모바일, 서버 개발, 게임 순이다.

블록체인 개발자가 되려면 코드를 읽고 쓰는 프로그래밍 능력이 필수다. 블록체인 분야는 개발에 사용되는 프로그래밍 언어가 다양하고 관련 기술의 변화가 빠르다. 프로그래밍 언어 하나를 깊이 있게 이해하고 활용할 수 있도록 익히고, 실무를 접하면서 필요에 따라 언어를 선택적으로 학습하는 편이 좋다. 프로그래밍은 문제를 해결하는 과정이나 다름없으므로 일상에서 접하는 문제 상황을 다양하게, 체계적으로 해결해 보려는 시도를 해보자. 실력 향상에 도움이 된다.

개발자에게는 개발 경력과 역량이 중요하다. 일부 업체에서는 개발자 채용 조건으로 학력을 보지 않기도 한다. 하지만 관련 이론을 배우고 실습하기 위한 실용적인 목적이라면 대학에 진학하는 것이 유리할 수 있다. 블록체인 개발자가 되기 위해서는 컴퓨터공학과, 소프트웨어 공학과, 정보보호학과 등의 전공을 고려하는 것이 좋다. 다방면에 응용되는 블록체인의 특성상 경영학, 금융학, 산업공학, 경제학 등 연관되는 분야를 함께 익히는 것이 도움이 될 수 있다.

블록체인 개발자가 되면 은행이나 블록체인을 활용하는 민간 기업, 정부 기관에 취업할 수도 있다. 또한 블록체인 기술은 암호학 알고리즘에 바탕을 두고 있으므로 블록체인 개발자뿐만 아니라 암호학 관련 정보 보호 전문가로도 활동할 수 있다.

진로 찾기 **암호화폐 트레이더**

암호화폐 트레이더는 암호화폐를 전문적으로 거래하는 사람이다. 2017년 체인파트너스라는 회사가 우리나라 최초로 암호화폐 전문 트레이더를 정식 채용했다. 해외 암호화폐 중개 업체에서는 이보다 앞서 암호화폐 트레이더가 활동하기 시작했다.

경제 뉴스를 보면 3~4대의 모니터에 둘러싸여 복잡한 차트를 보거나 전화기를 든 채 긴박하게 주식을 거래하는 사람이 나온다. 이들을 트레이더라고 한다. 트레이더는 투자 은행에 채용되어 일하는데, 우리가 돈을 저축하고 보내는 상업 은행과 달리 투자 은행의 고객은 기업이다. 트레이더는 투자 은행의 판매와 거래에서 거래 분야를 맡는다.

우선 판매 담당자가 주식, 채권, 외환, 암호화폐 등에 투자해 이익을 내는 상품을 만들고 판매한다. 상품이 판매되면 다음은 트레이더의 몫이다. 상품을 팔고 받은 고객의 돈으로 트레이더는 자산을 사고판다. 자산을 사서 가지고 있다가 샀을 때의 가격보다 비싸게 팔아서 이익을 내는 것이 목표다.

따라서 트레이더에게는 자산과 관련된 폭넓은 지식과 이해, 통찰력이 필요하다. 투자 은행의 판매 담당자가 암호화폐 자산에 3개월 투자해 5퍼센트 이익을 약속한 '암호화폐로 부자 되기' 상품을 만들어 냈다고 하자. 어떤 고객이 이 상품을 샀다. 즉, 이 상품에 투자하기로 했다. 트레이더는 고객이 투자한 돈으로 약속한 5퍼센트 이상의 수익을 낼 수 있도록 직접 거래를 한다. 말하자면 트레이더는 경기장에서 발로 뛰어 성과를 내는 운동선수다.

암호화폐 트레이더는 금융 기관 또는 기업 고객의 주문을 받아 암호화폐를 사고판다. 철저하게 거래의 성과 중심으로 평가받기 때문에 나이, 경력과 상관없이 고액의 성과급을 받을 수 있다는 장점이 있다. 반면에 일정 기간 수익을 내지 못하면 직장을 그만두어야 할 만큼 스트레스가 많은 직업이다. 잘못된 결정이나 실수로 큰 손해를 볼 수도 있다. 따라서 암호화폐 트레이더에게는 판단력, 위험에 대한 대처 능력, 순발력이 필요하다. 무엇보다 스트레스를 잘 관리할 수 있어야 한다.

암호화폐 트레이더가 되기 위한 전공은 따로 없다. 전공 제한은 없지만 채용할 때 경영학, 경제학, 회계학 전공자를 우대하는 곳도 있다. 그리고 암호화폐가 비교적 최근에 나타난 자산이므로 거래 경험이 풍부하다면 유리하다.

4장

화폐 없는
사회의 빛과
그림자

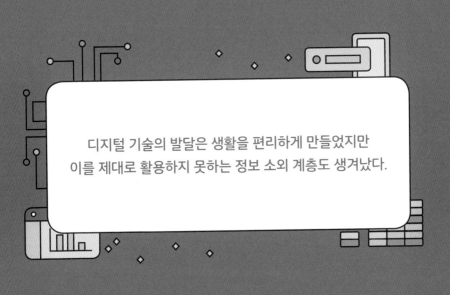

디지털 기술의 발달은 생활을 편리하게 만들었지만
이를 제대로 활용하지 못하는 정보 소외 계층도 생겨났다.

냉장고가 우유를 주문하는 세상

신용화폐, 전자화폐가 익숙해지고 핀테크를 이용한 간편 결제와 이체가 생활에 스며들면서 실물 화폐인 현금은 자리를 잃어 가고 있다. 특히 삼성페이, 카카오페이, 네이버페이 같은 간편 결제 서비스는 화폐와 관련된 모든 일상생활을 스마트폰만으로 해결할 수 있게 만들었다. 네트워크 통신 기술이 발달한 지금은 사람, 사물, 공간 등 모든 것이 서로 소통하는 사물인터넷 기술까지 일상에 등장했다.

사물인터넷은 모든 사물이 연결되어 구성된 인터넷이다. 사물에 고유 센서와 통신 기능 장치가 달려 있어서 네트워크에 연결된다. 연결된 사물은 스스로 센서를 이용해 정보를 만들고 수집하며 공유한다.

현재 사물인터넷이 가장 많이 적용되는 공간은 집이다. 스마트폰으로 집 안의 조명, 온도, 습도, 가스 등을 조절할 수 있다. 가스불을 켜고 나온 것은 아닌지 걱정된다면 어디서나 스마트폰으로 확인하고 제어하면 된다. 그뿐만 아니다. 사람이 직접 상품을 주문하는 대신 사물 간의 연결만으로 결제부터 배송까지 되는 세상이 오고 있다.

사물인터넷이 발달하기 위한 조건

사물인터넷이라는 용어는 1999년 미국 매사추세츠 공과 대학MIT에서 케빈 애슈턴이 처음 사용했다. 애슈턴은 사물에 RFID와 센서를 장착한 사물인터넷이 구축될 것이라고 설명했다.

사물인터넷이 나오기 위해서는 정보 통신 기술이 그만큼 발달해야 한다. 컴퓨터, 핸드폰, TV 등 인터넷과 연결해 사용할 수 있는 전자 제품이 점점 많아지고 있다. 하지만 사물인터넷은 단순히 한쪽으로만 연결된 기술이 아니다. 사물과 사물 사이에 쌍방향 정보 소통이 일어나는 능동적인 기술이다. 수집한 정

> **RFID**
>
> 무선 주파수Radio Frequency를 이용해 물건이나 사람을 식별IDentification하는 기술이다. 도서관을 예로 들자. 도서관 책에는 RFID 태그가 붙어 있고 각각의 태그가 보내는 전파 신호로 책을 구분한다. 따라서 하나하나 바코드를 찍지 않아도 무인 대출대에 한번에 놓고 책을 빌릴 수 있다.

보를 사람의 개입 없이 주고
받으며 사물 스스로 정보를
판단하고 처리한다.

사물인터넷이 발달하기
위해서는 센서와 통신 장비
등이 작아지고 가격이 내려
가야 한다. 기기 소형화는 클라우드 컴퓨팅 기술로 해결할 수 있
다. 현재 아마존, IBM과 같은 미국 기업은 클라우드 서버 구축에
사활을 걸 정도로 큰 노력을 기울이고 있다. 데이터 보관과 처리
를 클라우드 시스템에서 해결하는 시대가 왔기 때문이다. 지금도
스마트폰의 대용량 데이터나 사진을 클라우드 서버에 자동 보관
하는 사람이 늘어나고 있다. 클라우드 서비스 가격도 매년 내려
가고 있다.

사물인터넷을 활용하려면 빅데이터 처리 기술도 필요하다. 사
물인터넷을 이용하는 자율 주행차는 수많은 정보를 실시간으로
처리하고 판단해서 어디로 갈지 결정한다. 데이터 통신 기술의
속도뿐만 아니라 효율적으로 데이터를 분석해 줄 수 있는 빅데
이터 기술의 발전도 필수다.

사물인터넷과 네트워크 통신 기술 사이의 연결 또한 핵심 요
소다. 지금까지는 주로 RFID나 와이파이, 블루투스를 활용해서
네트워크를 연결했다. 그러나 기기 간 통신에서는 단거리 네트워

크뿐만 아니라 장거리 네트워크도 중요하다. 따라서 낮은 지연 속도, 저전력 소비, 넓은 커버리지 등을 만족해야 좀 더 보편적으로 사물인터넷을 활용할 수 있다.

사물인터넷 세상의 스마트 라이프

사물인터넷은 일상생활 데이터를 모아 분석하고 이를 기기에 반영해 더욱 풍요롭고 편리한 생활을 돕는다. 먼저 스마트 헬스 기술을 보자. GPS, 온도계, 고도계, 자이로센서, 블루투스, 통신 기능 등 각종 센서가 달린 스마트 밴드나 스마트 워치가 있다. 이 기기들은 이동 경로와 걸음 수, 심박수, 수면 상태 등을 체크해 건강을 관리하도록 돕는다.

NFC 기능이 있는 스마트 기기는 교통카드로 쓸 수도 있다. 스마트 기기를 갖다 대기만 하면 끝난다. 핀테크 시스템과 연동된 스마트 워치는 신용카드의 모든 기능을 가지고 있다. 다만 배터리를 자주 충전해야 한다는 점이 아쉽다.

요즘 새로 짓는 아파트에는 경쟁적으로 스마트 홈 기술이 적용되고 있다. 스마트폰만 있다면 실시간으로 확인할 수 있는 내외부 보안 카메라와 스마트 도어록 기능이 있다. 나가기 전 엘리베이터를 미리 부를 수도 있다. 그 밖에 냉난방 조절기, 조명 조절기 등 가정에서 활용할 수 있는 다양한 기기에 스마트 기능을 접목하고 있다. 또한 AI 비서인 알렉사, 구글 어시스턴트, 시리 등

수도, 전기, 냉난방, 감시 카메라 등을 한번에 제어하는 스마트 홈은 이미 우리의 일상이
되었다.

을 탑재한 AI 스피커가 보급되면서 스마트 홈 기기를 음성으로 제어할 수 있다. 이제 몸을 움직일 필요조차 없어졌다.

집보다 훨씬 넓은 도시에도 사물인터넷이 적용된다. 도시형 사물인터넷 기술을 이용하면 사회적 비용을 줄이는 데 도움이 된다. 간단히 살펴보자. 교통 혼잡과 주차장 부족으로 생기는 문제를 해결하기 위해 신호등 관리, 차량 통제, 지능형 CCTV 기술 등을 활용한다. 차량이 적절하게 통제된다면 연료와 시간, 자동차 보험료를 모두 줄일 수 있다. 또한 미세먼지, 쓰레기 수거 문제 등과 관련된 데이터를 수집하고 빅데이터 기술로 정확하게 측정해 저감 대책을 마련할 수 있다. 도시 생활 곳곳의 문제점을 파악하는 일에 사물인터넷 기술을 활용한다면 다양한 해결 방안이 나올 것이다.

생활 안전 분야에서도 마찬가지다. 아동, 치매 노인, 반려동물 등에게 긴급 상황이 생기는 즉시 대처할 수 있다. 경보음을 울리고, 경찰에 알아서 신고하고, 보호자에게 위치 정보 신호를 보내는 기술이다. 또한 드론으로 실시간 영상 촬영을 하면서 재난 현장을 손쉽게 조사하고 감시와 인명 구조를 수월하게 해낸다.

계산대도 필요 없습니다

스마트 냉장고가 화면에 냉장고 속 식료품을 보여 준다. 오늘의 요리를 추천하고 조리법도 안내한다. 그런데 이제 냉장고가 결제까지 하는 날이 오고 있다. 먹고 싶은 음식을 입력하면 인공 지능이 냉장고 속 식재료를 파악해 알려 주고, 유통기한이 지난 음식물을 폐기하라고 경고 메시지를 보내는 날이 멀지 않았다. 부족한 음료나 식료품은 미리 정해 둔 가게에 알아서 주문하는 시스템도 구현 중이다.

아마존은 2013년부터 스마트 홈 특화 웹 사이트를 별도로 만들어 알렉사라고 불리는 AI 스피커가 안내하는 결제 시스템을 제공하고 있다. 단순히 조명이나 가습기 조절, 노래 선곡, 날씨 문의 등을 하는 스마트 홈 기술에서 벗어난 것이다. 인공 지능 기술을 활용해서 주문에서 결제까지 끝내는 시스템이다. 특히 아마존은 2015년부터 '대시 버튼'이라는 새로운 개념의 구매 버튼을 제공했다. 예를 들면 세탁기에 대시 버튼을 붙여 놓고 이 버튼을 누르면 지정해 둔 세제를 자동으로 구매한다. 휴지, 커피, 치약 등 주기적으로 사용하는 제품의 대시 버튼을 누르기만 하면 구매부터 결제, 배송까지 끝난다. 품목이 아직 다양하지 않고 필요한 물품 종류만큼 대시 버튼이 있어야 한다는 것이 단점이다.

대시 버튼의 단점을 개선한 시스템이 '대시 완드'다. 비어 있는 제품이나 원하는 제품의 바코드를 스캔만 하면 장바구니에 담기는 시스템이다. 알렉사와도 연동되어 말로 원하는 제품을 주문하고 결제할 수 있다. 자석이 내장되어 있어서 냉장고에 붙여 놓을 수도 있다.

또 하나의 혁신은 2018년 등장한 '아마존고'다. 아마존고는 아마존이 만든 무인점포로, 기존의 매장 시스템을 바꿀 획기적인 시스템이라 평가받는다. 아마존고에 들어갈 때는 지하철 개표구처럼 생긴 입구에 QR코드를 스캔한다. 원하는 제품을 골라서 나오면 자동으로 결제가 된다. 신용카드의 결제 정보는 미리 등록해 놓는다.

아마존고에는 '줄 서지 않습니다, 계산대도 없습니다No Lines, No Checkout'라는 문구가 적혀 있다. 사람이 몰리는 시간에 계산대에서 한참 줄 서던 기억이 있다면 한 번쯤 '내가 돈 내려고 줄까지 서야 해?' 하는 의문을 품은 적이 있을 것이다. 아마존고는 이 문제를 사물인터넷 기술로 해결했다. 원리는 다음과 같다. 천장에 달린 수많은 감시 카메라와 센서가 사람의 움직임, 얼굴, 제품의 무선 주파수 등을 인식한다. 여기에 딥 러닝 기술을 활용해서 들고 나오기만 해도 제품을 확인하고 자동 계산해 준다. 아마존고 애플리케이션에서 구입한 물건의 영수증, 매장 방문 날짜, 시간 같은 정보도 확인할 수 있다.

딥 러닝

인간과 비슷한 인공 신경망을 통해 인간처럼 스스로 학습하고 결과를 도출하는 인공 지능 알고리즘을 말한다. 컴퓨터가 마치 사람처럼 생각하고 배울 수 있도록 하는 기술이다.

이렇게 기업에서 사물인터넷 기술과 전자 결제 시스템을 연동하려고 시도하는 이유가 있다. 소비자는 편하면 편할수록 더 그 회사 시스템에 의존하기 때문이다.

사물인터넷과 블록체인이 만나면

사물인터넷은 사물, 통신, 사용자가 상호 작용하는 시스템이다. 따라서 보안에 취약한 부분이 외부에 노출될 수 있고 해킹, 개인 정보 유출과 같은 사고가 일어날 확률이 높다. 안전을 유지하기 위해 다양한 대책을 마련해야 하는데 그중 하나가 블록체인 기술이다.

앞서 설명한 것처럼 블록체인은 장부가 매우 투명하다. 거래 내역이 블록에 기록되고, 한번 저장된 블록의 데이터는 바뀌지 않으며, 누구나 볼 수 있도록 공개된다. 따라서 블록체인은 해킹을 대비하기에 안전한 시스템이다.

기존에는 거래 중간에 은행, 카드 회사, 보험 회사와 같이 신용을 보장하는 회사가 필요했다. 비용과 시간을 낭비하는 측면이 있었는데 이제 블록체인 기술이 있으니 문제 없다. 스마트 계약을 이용하면 정해 둔 조건을 만족했을 때 자동으로 계약 처리가 된다. 이 방식 덕분에 개인 대 개인의 거래가 가능하다.

현재 사물인터넷과 블록체인을 연계한 기술이 곳곳에 도입되고 있다. 물류 시스템에 적용해 제품의 생산부터 판매까지의 이력 관리와 배송 추적에 사용한다. 누가 언제 어디서 생산했고, 어떤 경로로 이동했으며, 얼마 동안 보관되었는지를 모두 위변조할 수 없는 블록체인에 저장한다. 이때 사물인터넷 기술을 이용해 단계마다 데이터를 생산하고 블록체인에 자동으로 기록한다면 물류 시스템을 획기적으로 바꿀 수 있다. 분실 위험 때문에 대출하기 어려웠던 금이나 고급 시계로 담보 대출을 할 수도 있다. 담보가 되는 재산에 위치를 파악하고 감시할 수 있는 사물인터넷 기기를 부착하고 블록체인 기술을 활용하면 가능하다.

사물인터넷과 블록체인 기술은 우리 생활 속에 이미 들어와 있다. 많은 사람이 쓰고 있는 스마트 밴드나 스마트 워치가 대표적이다. 손목에 차면 휴대전화 기능은 물론 신체의 맥박, 혈압, 심전도, 걸음 수, 수면 상태 등을 주기적으로 측정한 후 건강을 관리해 준다. 더 나아가 이런 웨어러블 기기wearable device, 착용할 수 있는 기기를 통해 쌓인 정보는 정확한 진단과 처방이 가능하도록 돕는다. 최적화된 의료 서비스를 제공받을 수 있게 한다. 앞으로는 건강 상태가 나빠질 경우, 경고 메시지를 보내 주거나 지정된 병원 의사와 연결해 주는 서비스로 발전할 것이다.

네덜란드 암스테르담과 스페인 바르셀로나에서는 스마트 시티를 시범적으로 운영하고 있다. 스마트 시티에서는 자율 주행 자동차, 스마트 홈, 스마트 빌딩 등으로 사물인터넷이 확장된다. 교통시설, 의료, 주택, 에너지 관리 등 모든 사물이 연결되어 사람이 조작하지 않아도 상황을 인지하고 스스로 작동하는 초연결 시대가 다가오고 있다.

내 개인 정보와 돈은 안전할까

개인 정보 유출 사고나 금융 사고가 종종 뉴스에 나온다. 거대 쇼핑 사이트가 해킹당해서 만 건이 넘는 개인 정보가 유출되고, 은행 서버가 먹통이 되기도 한다. '내 개인 정보와 돈은 과연 안전할까?'라는 의구심이 든다.

사실 프로그래밍 언어도 사람이 작성하다 보니 취약점이 있을 수밖에 없다. 프로그램의 오류나 오작동을 버그라고 부르며, 버그를 고치는 것을 디버깅 작업이라고 한다. 우리가 흔히 컴퓨터에서 쓰는 윈도우 운영 체제도 1개월에 몇 번씩 업데이트를 한다. 운영 체제의 불안전한 부분이 발견될 때마다 취약점을 수정하기 위해 보안 업데이트를 하는 것이다.

각종 온라인 상거래, 모바일 뱅킹, 전자화폐를 사용하면서 개인 정보 유출이나 전자 금융의 해킹 같은 보안 문제가 커지고 있다. 그러다 보니 인증 절차가 복잡해졌다. 예를 들면 은행 거래를 할 때는 로그인으로 본인 확인을 한 후 공인인증서나 OTP로 또 다시 확인하는 절차를 거쳐야 한다.

카드 회사에도 복잡한 인증 과정이 있다. 물건을 사면 거래 내역이 카드 회사로 전송된다. 그다음 카드에 문제가 없는지 확인한 후 다시 구매한 가게로 정보를 전송한다. 그 이후에 승인하게 된다. 승인 이후에는 카드 회사에 전송된 매출 전표를 카드 회사와 가맹점 사이의 결제 대행업체에서 확인한다. 확인이 끝나면 카드 회사 거래 은행에서 가맹점 계좌로 대금을 이체해 준다. 이처럼 승인 절차가 번거롭다. 사용자나 가맹점 모두 불필요한 수수료를 지불할 수밖에 없다.

즉 인증 절차를 늘리면 늘릴수록 안전하지만, 반대로 이용하기 불편하고 비용도 올라간다. 중국 사람들이 한국 드라마로 유명해진 코트를 우리나라 인터넷 쇼핑몰에서 구매하려고 했지만 까다로운 공인 인증 절차에 막혀서 사지 못했다는 일화도 있다.

개인 정보 유출이 심각해

주민등록번호는 1962년 주민등록법이 생겨난 이래 개인의 신분을 증명하는 도구로 사용되었다. 주민등록번호는 쉽게 바꿀 수 없었고, 가족 관계 등록 사항의 변동이나 번호 오류에 한해서만 변경을 허용했다. 그런데 2017년 5월 개인 정보가 유출되어 생명, 신체, 재산에 피해를 입었거나 피해가 우려되는 경우에도 주민등록번호를 변경할 수 있는 제도가 생겼다. 금융감독원과 유사한 사이트에 속아 주민등록번호, 휴대전화 번호, 계좌번호, 비밀번호, 보안카드 번호를 모두 입력하고 300만 원을 손해 본 피해자가 주민등록번호 변경을 신청한 일 덕분이다. 50년 만에 처음으로 개인 정보 유출로 인한 주민등록번호 변경이 이루어진 것이다.

핀테크에서 많이 사용하는 생체 인증 정보는 개인의 독특한 특성이다. 안전해 보이지만 의외로 쉽게 보안이 뚫리기도 한다. 유리컵에 묻은 지문을 실리콘으로 본떠서 스마트폰의 지문 인식 시스템을 통과한 사건이 있었다. 고해상도 카메라와 스마트폰 사진, SNS 등에서 구한 얼굴 이미지를 활용해서 얼굴 인증 시스템을 통과하는 일도 있었다. 생체 인증 시스템에 대한 신뢰에 금이 간 사례다.

중국에서는 도로의 CCTV 데이터를 인공 지능과 빅데이터 기술로 활용하는 안면 인식 기술이 활발히 연구되고 있다. 공항에 입국할 때부터 출국할 때까지 한번 인식한 얼굴 데이터를 바탕으로 중국에서의 모든 활동이 기록으로 남는다. 범죄 행위를 감시하기 위한 목적이라고 하지만 개인 정보 보호 침해, 사생활 침해의 문제가 생길 수 있다.

자율 주행차, 자율 비행 드론, 자율 주행 로봇 등 기기가 스스로 판단하고 행동하는 사회가 다가온다. 이때 가장 불안한 점은 해킹이다. 안전하게 작동해야 할 기기가 위험하게 변할 수도 있고 사생활이 노출될 수도 있다. 최근에는 IP 카메라에 처음 세팅된 비밀번호를 바꾸지 않아 사생활이 침해된 사례가 많으며, 노트북 웹캠이나 스마트 TV의 내장 카메라가 해킹당해 개인 정보가 노출된 사례도 있다. 인공 지능 스피커에 악성코드를 감염시켜 해커에게 음성 파일을 전달하고, 평상시 가정에서 나눈 대화와 금융 정보 등 민감한 정보를 모두 탈취한 사건도 있었다.

개인 정보를 보호하기 위한 대책으로 가장 간단한 방법은 비밀번호를 올바르게 설정하는 것이다. 금융 사고 대부분이 사용자의 부주의로 생기는 경우가 많다. 보안카드나 인증서를 하드디스크나 웹하드에 보관하는 행동, 비밀번호를 생년월일처럼 유추하기 쉬운 번호로 설정하는 행동은 좋지 않다. 사물인터넷 기기를 사용할 때는 반드시 비밀번호를 복잡하게 변경해야 한다. 문자와 숫자, 특수 문자를 섞어서 사용하는 것만으로도 해킹의 위협을 많이 줄일 수 있다.

전자 금융은 과연 안전한가

전자 금융의 발달로 시간과 공간의 제약을 벗어날 수 있었지만, 한편으로는 인터넷의 비대면성이라는 취약점을 노린 범죄가 증가하고 있다.

사용자 부주의로 커다란 손해를 보는 경우가 있다. 보안카드를 핸드폰으로 찍어서 보관하거나 이메일에 개인 정보를 보관하는 행동은 위험하다. 악성코드 감염으로 금융 정보가 쉽게 유출될 수 있다.

2015년도에 발생한 사건을 보자. 은행 ATM의 카드 투입구에 '스키머'라는 카드 복제기를 달아서 복제 카드를 제작하고 현금을 인출한 범죄가 발생했다. 이로 인해 2018년 7월부터 불법 복제가 쉬운 마그네틱 카드의 사용이 전면 금지되고 정보 암호화가 가능한 IC칩이 탑재된 카드를 의무적으로 사용하게 되었다.

키보드로 데이터를 입력할 때 정보를 빼가는 '키로거Key logger' 와 같은 악성코드를 이용한 사례도 있다. 카드 정보, 계좌 정보, 비밀번호 등을 빼내서 무단 사용한 것이다. 휴대폰에서도 비슷한 범죄가 일어날 수 있다. 결혼식 초대장이나 동창회 모임 안내 같은 문자 메시지를 보내면서 관련 사이트를 열게 하는데, 이때 휴대폰에 악성코드가 설치된다. 이 악성코드를 이용해 소액 결제에 필요한 인증 번호를 빼내서 모바일 상품권이나 게임머니를 구입하고 이를 현금으로 바꾸는 사례가 보도되기도 했다.

정상적인 거래로 착각하게 만들어 금융 정보를 탈취하는 '피싱'과 '파밍'이라는 공격 방법도 있다. 피싱은 가짜 사이트를 주요 은행 홈페이지와 유사하게 꾸며서 속이는 방법이다. 스팸 문자나 메일을 보내 가짜 사이트로 찾아오게끔 만든다. 금융 정보를 입력하도록 유도한 뒤 그 정보를 이용해 돈을 훔친다. 파밍은 비슷하면서도 다르다. 악성코드를 통해 컴퓨터를 감염시켜 정상적인 은행 사이트로 들어가도 가짜로 만들어진 사이트로 이동하게 해 금융 정보를 빼앗는다.

대책은 간단하다. 모르는 전화번호나 메일 주소에서 보낸 사이트는 절대 클릭하지 말자. 금융 정보를 많이 요구하거나 보안카드 내용을 전부 입력하라고 한다면 안전한 사이트가 맞는지 의심해 보는 습관을 가져야 한다.

미래 기술 발전과 보안

현재 대표적인 전자 금융 보안 방법은 OTP와 공인인증서다. 거래를 위해서는 상대방의 신원을 확인해야 한다. 은행에서는 얼굴을 직접 보고 주민등록증을 확인해서 신분 확인을 하지만 인터넷상의 거래에서는 상대방의 신원을 확인하기 어렵다. 이를 해결하기 위해 전자서명 방식의 공인인증서 제도가 생겼다.

공인인증서는 서로 거래를 했다고 인정하는 부인 방지 기능과 거래 내역이 변경되지 않았다는 무결성을 보증하는 기능이 있다. 인터넷뱅킹, 인터넷 증권 거래, 인터넷 보험 등에서 사용한다.

이렇게 편리한 공인인증서지만, 공인인증서를 사용하려면 액티브 엑스ActiveX가 적용된 보안 프로그램을 많이 설치해야 한다.

이러한 이유로 외국에서는 로그인할 때 기본 비밀번호와 OTP의 일회용 비밀번호를 모두 입력하는 방식으로 사용자를 인증한다. 우리나라는 2014년 10월 전자금융거래법 개정안이 통과되면서 공인인증서 의무 사용 조항이 삭제되었지만, 아직은 공인인증서 방식을 많이 사용한다. 새로운 시스템을 도입하는 데 비용이 들고 금융 거래 책임까지 모두 은행이 해결해야 하므로 쉽게 바꾸지 못하는 것 같다.

또 다른 보안 방법으로 보안카드가 있다. 보안카드는 35개의 비밀번호로 구성된 플라스틱 카드로, 은행 업무 시 해당 번호에 대한 비밀번호를 입력하는 방식이다. 그러나 복사나 사진으로 저장한 파일이 쉽게 유출되니 위험하다. 이 문제 때문에 현재는 보안카드 방식에서 OTP 방식으로 대체되고 있다. OTP 발생기는 매번 비밀번호를 다르게 생성한다. 다만 은행 업무를 처리하기 위해서는 반드시 OTP를 소지하고 있어야 하고, 1년 정도 지나면 방전되어 매번 교체해야 하는 불편함이 있다.

핀테크에서는 공인인증서와 같은 기존 인증 과정을 최소화하거나 지문, 홍채와 같은 생체 인증 방식으로 빠른 결제와 송금을 가능하게 해준다. 단순 핀PIN 번호 입력 시 압력 강도, 입력 시간, 터치 각도 등 개인의 행동 패턴을 파악해서 인증하는 방법도 있다. 또한 지문과 홍채 인식 말고도 정맥, 목소리 인식과 같은 편리한 생체 인증 수단이 개발되고 있다. 핀테크의 인증 절차는 간편하고 강력하지만, 다양한 해킹이 시도된다는 문제점이 있다.

양자 컴퓨터가 등장하면 현재의 보안 시스템이 모두 뚫릴 것으로 예측된다. 현재 가장 많이 사용되는 공개 키 암호화 방식은 단 몇 초 만에 뚫릴 것으로 보인다. 양자 컴퓨터가 상용화되기 전에 현재 쓰고 있는 모든 암호 체계를 바꿔야 한다.

전자 금융은 수많은 금융 거래가 인터넷상에서 전자 신호로 오가기 때문에 단 한 번의 착오나 보안 실수만으로도 바로 금전적 손실로 연결된다. 따라서 전자 금융이 발달하는 만큼 그에 따른 보안 대책을 더욱더 철저하게 세우고 준비해야 한다.

양자 컴퓨터

현재 컴퓨터는 0과 1만 구분하는 2비트를 사용해 문제를 해결한다. 반면 양자 컴퓨터는 0과 1을 동시에 활용하는 퀀텀비트를 활용해 슈퍼컴퓨터가 수백 년이 걸려 풀 문제를 몇 초 만에 해결할 수 있다.

디지털 기술이 어려운 사람들

디지털 기술의 발달은 생활을 편리하게 만들었지만 이를 제대로 활용하지 못하는 사람들도 있다. 스마트폰을 구입하고 비싼 통신비를 낼 수 없는 빈곤층이나 최첨단 기술의 변화를 제대로 따라가지 못하는 노인 계층이 그렇다. 디지털 기술을 신뢰하지 않아 현금 외의 수단을 쓸 때 불안을 느끼는 사람도 있다. 신용카드나 인터넷뱅킹 정보가 다른 사람에게 노출될 수 있다고 생각하기 때문이다. 곳곳에 ATM이 있으니 현금 사용의 불편함을 느끼지 못하기도 한다.

하지만 결국 우리 사회는 지폐나 동전 같은 실물 화폐를 쓰지 않고 오직 전자화폐로 거래하는, 현금 없는 사회로 변해 갈 것이다. 핀테크, 블록체인, 사물인터넷 등 디지털 기술도 끊임없이 발전하고 있어서 언제까지 실물 화폐에만 만족하며 살아갈 수는 없다.

디지털 사회와 소외 문제

4차 산업혁명의 영향으로 단순히 인터넷을 활용하던 시대에서 5G 모바일, 빅데이터, 사물인터넷 기술을 활용하는 시대로 바뀌고 있다. 디지털 사회로 빠르게 변해 가는 상황에서는 정보 소외나 정보 격차가 심각한 사회 문제가 될 수 있다. 인터넷이 연결된 컴퓨터나 모바일 기기가 없거나, 가지고 있어도 사용법을 몰라 이용하지 못하는 정보 소외 계층이 대표적이다. 노인, 저소득층, 장애인의 비율이 높은 편이다.

2019년 한국정보화진흥원에서 발표한 '디지털 정보격차 실태조사'에 따르면 '디지털 정보화 종합 수준'을 100점 만점으로 보았을 때 만 55세 이상이 64.3점으로 가장 낮게 나왔다. 우리나라는 저출산과 고령화로 자연스럽게 노년층의 비율이 늘어나는 구조다. 노년층은 새로운 기기와 기술에 대한 부정적인 시각 때문에 불편하더라도 옛 방식을 선호하는 경향이 있다. 특히 60대 이상은 인터넷이 도입되던 시기에 학교나 직장에서 잘 사용하지 않아 배울 기회가 적었다. 그런데 새로운 소프트웨어는 계속 만들어지고 도입되니, 매번 프로그램을 배워서 사용하는 일이 어려울 수밖에 없다.

디지털 사회에서 노년층의 소외된 모습은 다양하게 나타난다. 과거에는 방송이나 신문 기사로 충분히 정보를 얻었다. 하지만 지금은 스마트폰과 SNS를 통해 얻는 정보가 더 많다. 정보가 확산되는 속도도 빨라졌다. 따라서 SNS 활동에 참여하지 못하면 정보로부터 소외되는 문제가 생기고 사회적 네트워크 연결마저 제대로 이루어지지 않는다.

핀테크의 발달 덕분에 물건을 구매하거나 다른 사람에게 돈을 부치는 일이 쉬워졌다. 그러나 스마트폰이 없거나 사용법을 몰라 이용하지 못한다면 시간과 비용을 들여 은행에 찾아가야 한다. 요즘에는 상점에서 키오스크를 활용한 무인 결제 시스템을 많이 볼 수 있다. 그러나 불편하고 어려워서 사용하기를 꺼리는 경우도 있다.

정보 격차는 기회의 불평등을 불러올 수 있다. SNS에서 할인 정보가 오가고 기차표와 야구장, 공연 예매 등의 각종 티켓 구매도 모두 스마트폰으로 이루어지니 이를 활용하지 못하면 혜택에서 멀어질 수밖에 없다. 따라서 디지털 사회로 나아갈수록 소외 계층의 접근성을 높이는 노력이 필요하다.

소외 계층을 위한 디지털 기술

과거에는 지하철에서 신문이나 책을 읽는 사람이 많았는데 어느 순간부터 모두 스마트폰으로 동영상, 인터넷 뉴스를 보거나 게임을 하고 있다. 심지어 걸어 다니면서 스마트폰을 들여다보는 사람도 많다. 스마트폰이 삶에 미치는 영향이 점점 더 커지고 있다는 뜻이다. 그럴수록 정보 격차가 일어나 소외 계층이 생기기 쉽다. 그 원인은 경제력, 연령, 학력, 직업, 성별 등 너무나 다양하다.

3G에서 4G로, 4G에서 5G로 통신 기술이 발달하면서 스마트 기기의 가격도 점점 올라간다. 통신 요금도 같이 올라가 결국 경제적 부담으로 다가온다. 스마트 기기의 요금제에 따라 사용할 수 있는 데이터의 양과 질이 달라지기도 한다. 정보를 활용하기 위해서 모바일 기기와 통신비를 대려면 월 유지비가 많이 발생한다. 따라서 가격 부담이 없고 성능도 좋은 스마트 기기가 보급되어야 한다. 또한 저소득층과 노년층을 위한 요금제를 만들어 접근성을 확보하는 일이 중요하다. 미국의 연방통신위원회는 1985년부터 저소득층을 지원하는 라이프라인 프로그램을 운영해 왔다. 자격을 갖춘 저소득층에게 집 전화나 휴대폰 요금 일부를 지원하는 프로그램이다. 이에 더해 2016년 3월에는 월 9.25달러씩을 고속 인터넷 이용 요금으로 지원했다. 경제적인 어려움으로 생기는 계층 간 디지털 격차를 해소하기 위해서다.

컴퓨터나 스마트 기기를 가지고 있어도 활용할 줄 모른다면 소용이 없다. 활용도의 차이가 정보 격차를 만든다. 스마트 기기를 어떻게 쓰냐에 따라 삶의 질이 달라질 수 있다. 직접 은행에 가서 하던 일을 몇 초 만에 처리할 수 있다. 버스 노선을 미리 확인해 언제 집에서 나가야 하는지, 언제쯤 목적지에 도착하는지 예상 시간도 알 수 있다. 따라서 디지털 격차의 심각성을 인식하고 대책을 마련해야 한다. 우리나라에는 과학기술정보통신부와 한국정보화진흥원이 운영하는 모든 국민정보화교육 사업에 대한 정보를 통합해 제공하는 포털사이트itstudy.or.kr가 있다. 이 사이트에서는 장애인, 고령층, 결혼 이민자, 농어업인의 정보화 교육을 지원한다.

고령층을 대상으로 실생활에 많이 사용되는 정보화 교육을 해야 한다. 노인들의 정보 소외가 삶의 질과 만족도에 큰 영향을 미친다는 결과가 많이 나오고 있다. 특히 우리나라에서는 노년층에 진입하면 소득이 불안정해져 경제 활동이 필요한 경우가 많다. 인터넷을 활용해 일자리를 찾을 수 있도록 돕는 일이 중요하다.

최근 지역 주민 자치 센터나 노인 복지 기관에서 컴퓨터 사용법이나 스마트 기기 활용법과 같은 정보화 교육을 많이 개설하고 있다. 이 덕분에 앞서 언급한 '디지털 정보격차 실태조사'에서 만 55세 이상의 '디지털 정보화 종합 수준'은 2017년 58.3점, 2018년 63.1점, 2019년 64.3점으로 꾸준히 올라가는 추세다. 2019년 결과에 따르면 정보화 기기 접근성이 100점 만점에 90.6점으로 컴퓨터나 스마트 기기를 이용한 디지털 정보에 대한 접근성은 높아졌다. 하지만 디지털정보화 역량51.6점과 활용 부문63.9점점수는 여전히 낮은 편이다. 따라서 온라인에서 정보를 생산하고 주고받을 수 있는 역량을 높이도록 접근이 쉬운 시설에서 좀 더 실용적인 정보화 교육을 진행해야 하겠다.

노인들 스스로 스마트 기기에 대한 기존 인식을 깨고 적극적으로 활용하려고 노력하는 것 또한 중요하다. 대표적 사례로 유튜버로 활동 중인 박막례 할머니를 꼽을 수 있다. 박막례 유투버는 손녀와 함께 자신만의 콘텐츠를 만들고 SNS로 소통하면서 많은 구독자를 보유하고 있다.

미래 사회는 사물인터넷, 빅데이터, AI 기술의 접목으로 더욱 급변할 것이다. 나이와 상관없이 새로운 것을 배우고자 하는 인식 변화와 노력이 모여야 풍요롭고 편리한 기술을 자유자재로 활용할 수 있을 것이다.

진로찾기 **사물인터넷 개발자**

정보 통신 기술이 발달함에 따라 사물인터넷이 급속도로 발전하고 있다. 통신 칩의 크기가 점점 작아지면서 각종 물건에 쉽게 통신 칩을 넣을 수 있게 되었고, 덕분에 다양한 제품이 커뮤니케이션이 가능한 사물 기기로 변신하고 있다. 데이터 저장과 처리 모두 클라우드 컴퓨팅으로 해결하면 크기도 작고 가벼운 최첨단 스마트폰 같은 기능을 하게 된다. 사물인터넷은 정보 통신 분야에 다양한 기술이 융합되어 무궁무진하게 활용할 수 있는 시스템이다. 앞으로 플랫폼 분야, 서비스, 디바이스 측면에서도 활용 분야가 늘어날 것이다.

이러한 흐름에 따라 2022년에는 사물인터넷의 세계 시장 규모가 20조 이상으로 성장할 것으로 예상된다. 사물인터넷 기능이 거의 모든 기기에 도입될 것이다. 한국직업능력개발원의 《2015 미래의 직업세계 해외 직업편》에 따르면 2022년에는 사물인터넷 개발자를 포함한 ICT 관련 인력이 8.2퍼센트나 부족하다. 사물인터넷 개발자에 대한 사회적 수요가 늘어날 전망이다. 앞으로 사물인터넷 개발자가 스마트 헬스 케어나 스마트 시티 등 미래 산업의 중요한 역할을 담당할 것으로 판단된다.

사물인터넷 개발자가 되기 위해서는 컴퓨터 공학, 전자 공학, 기계 공학, 통신 공학 등의 다양한 영역을 융합해 공부해야 한다. 프로그래밍 언어를 공부해 센서의 작동 원리를 파악하고, 프로그래밍 명령을 통해 실습해 보면 좋다. 사물인터넷을 빠르게 이해하는 데 도움이 될 것이다. 좀 더 심화해서 다양한 기기에 사물인터넷 기술을 어떻게 활용하면 좋을 것인지 생각해 보면 좋겠다. 자신의 아이디어를 바탕으로 아두이노, 라즈베리파이 같은 기기를 활용해서 사물인터넷 관련 작품을 만들어 볼 수도 있다.

최근 사물인터넷 분야가 주목받으면서 여러 대학이 관련 학과를 개설하고, 인재를 양성하기 시작했다. 정부에서도 IoT 기업가 양성 교육 과정을 운영하고 있다.

빅데이터는 모바일 시대를 맞이하면서 더욱 본격적으로 활용되었다. 인류가 지금까지 쌓은 데이터의 90퍼센트가 최근 2년간 만들어졌다는 자료가 있을 만큼 각각이 쏟아 내는 데이터가 폭발적으로 늘고 있다.

특히 SNS나 동영상이 발달하면서 사진, 영상, 텍스트가 복합적으로 이루어진 비정형 데이터들이 다양하게 쌓인다. 사물인터넷의 발달로도 많은 양의 데이터가 실시간으로 쏟아진다.

빅데이터는 21세기의 원유라 불릴 정도로 중요하다. 인공 지능, 사물인터넷, 스마트 팩토리 등 앞으로의 기술에 빅데이터 기술이 필요하기 때문이다. 과거에도 데이터의 중요성을 인식하고 있었지만 이를 활용할 만한 하드웨어와 소프트웨어가 발달하지 않아 일부 대기업에서만 이용할 수 있었다. 하지만 이제는 누구나 빅데이터에 쉽게 접근하고 사용하는 시대다. 빅데이터를 어떻게 활용하느냐에 따라 국가 미래 경쟁력이 달라질 정도로 빅데이터는 강력한 영향력을 발휘하고 있다.

거대한 데이터의 산에서 필요한 데이터만을 수집한 뒤, 통계 프로그램으로 분석하고 의사 결정 도구로 사용할 수 있다. 예를 들면 커피숍에서 어떤 커피를 사고, 음식점에서 어떤 음식을 먹으며 어떤 방법으로 결제하는지까지 모두 데이터가 된다. 이 데이터를 이용해 사용자에게 맞춤 광고를 보내거나, 할인 쿠폰을 주어 매출을 효과적으로 올릴 수 있다.

공공데이터를 공개한 덕분에 버스나 지하철 도착 시각을 실시간으로 분석하고 알려 주는 스마트폰 애플리케이션이 개발되기도 했다. 이 또한 빅데이터를 활용한 사례다. 버스를 타기 위해 집에서 나갈 시간을 미리 계획하고 도착 시간까지 예측할 수 있게 되었다.

빅데이터를 적용하는 방법에 따라 빅데이터 분석, 생활 관련 애플리케이션 개발, 빅테이터 관련 창업 등의 일자리가 생겨나고 있다. 또한 빅데이터 분야가 사회적인 관심을 끌면서 여러 대학에 관련 학과가 생기고 있다. 데이터를 분석하는 능력을 익히며 분석한 데이터를 이용해 경영이나 미래를 예측하고 소비자의 트렌드를 진단하는 법을 배운다. 빅데이터 전문가는 금융 분야에서 신용 리스크를 관리하거나 유통 분야에서 상품 판매 예측을, 서비스 분야에서는 고객 맞춤 마케팅 서비스를 기획할 수 있다.

평소 날씨, 버스 시간과 같은 생활 데이터를 모으고 이를 분석해서 의미가 있는 통계를 내는 활동을 해보자. 파이썬과 같이 데이터 분석을 하는 프로그래밍 언어를 배워서 활용해 보면 좋다. 컴퓨터 공학과 통계학, 더불어 경영학이나 마케팅과 관련된 공부를 하면 빅데이터를 이해하는 데 도움이 될 것이다.

교과 연계

세상의 모든 돈이 사라진다면

초판 1쇄 2020년 5월 29일
초판 3쇄 2022년 2월 25일

지은이 복대원, 윤정구

펴낸이 김한청
기획편집 원경은 김지연 차언조 양희우 유자영 김병수
마케팅 최지애 현승원
디자인 이성아 박다애
운영 최원준 설채린

펴낸곳 도서출판 다른
출판등록 2004년 9월 2일 제2013-000194호
주소 서울시 마포구 양화로 64 서교제일빌딩 902호
전화 02-3143-6478 팩스 02-3143-6479 이메일 khc15968@hanmail.net
블로그 blog.naver.com/darun_pub 인스타그램 @darunpublishers

ISBN 979-11-5633-289-3 44000
ISBN 979-11-5633-250-3 (세트)